급식·외식
관리자를
위한

푸드서비스
워크북

FOOD SERVICE WORKBOOK

급식·외식
관리자를
위한

푸드서비스 워크북

윤지영 · 주나미 · 백재은 · 배현주 · 정현아 지음

교문사

Preface

푸드서비스 분야는 급식과 외식 영역을 모두 포함하고 있다. 두 영역 모두 식품학, 조리학, 식품위생학, 영양학 등의 학문을 기초로 하여 고객에게 고품질의 음식과 서비스를 제공하는 것을 공통 목적으로 하고 있다. 기초 지식 이외에도 푸드서비스 영역이 세분화되고 경쟁이 치열해지면서 푸드서비스 관리자의 생산관리, 경영관리, 인사관리, 마케팅 등 다양한 운영관리 능력이 중요시되고 있어 관련 전공 졸업 후 영양사, 급식관리자, 외식관리자로 활동하게 될 전공자들은 푸드서비스 이론 지식은 물론 현장에서 사용할 수 있는 실무 적응 능력을 갖추어야 한다. 바쁘게 운영되는 푸드서비스 현장을 살펴보면 식품영양 또는 외식경영을 전공한 신입 영양사 및 외식 관리자들이 충분한 훈련기간 없이 업무에 투입되는 경우가 다수이다. 따라서 푸드서비스 관리자로서 운영능력을 갖출 수 있는 훈련이 반드시 필요하다고 사료된다. 이러한 푸드서비스 실무교육의 필요성을 절감하며 우리 집필자들은 본 교재를 통하여 학생들에게 실제 푸드서비스 관리 현장과 유사한 예를 제공하고 운영에 필요한 다양한 부문의 업무 수행에 대한 실습을 하게 함으로써 푸드서비스 실무기술을 익힐 수 있는 기회를 제공하고자 노력하였다.

교재의 목적

본 교재는 예비 푸드서비스 관리자인 학생들에게 급식 · 외식 운영관리의 중요성을 인식시키고 다양한 교과과정을 통해 익힌 푸드서비스 관리이론을 가상의 급식 · 외식 관리 상황에 적용해 봄으로써 푸드서비스 현장에 익숙해지도록 하는 데 목적이 있다. 이러한 목적 아래에 급식과 외식영역을 모두 고려하여 공통적으로 또는 분야별로 필요한 이론과 기술을 실제 상황에 적용하는 실습을 해볼 수 있도록 내용을 구성하였으며 각 단원별로 그룹단위의 실습 과제를 부여하여 학생들이 관리자로서 갖추어야 할 리더십, 팀워크 등을 자연스럽게 익힐 수 있도록 하였다.

교재의 구성

본 교재는 단체급식이나 외식경영 전공 학생을 위한 실무 실습 교재로서 영양사나 외식관리자의 중요한 기본 업무에 대한 실습이 가능하도록 하였다. 따라서 단체급식 또는 외식운영관리 관련 이론 수업과 병행하여 사용하거나 관련 교과를 마친 학생들에게 알맞게 구성되어 있다.

본 교재는 Orientation을 제외하고 12장으로 구성되어 있어 한 학기 교재용으로 적합하며 각 장에 수록된 내용은 유기적으로 연결되어 있으므로 앞 장에서 마친 강의 및 그룹 프로젝트는 그 다음 장에 중요한 정보로 사용된다.

각 장의 내용 구성은 Lecture → Class Activity → Practical Task로 되어 있다. Lecture 부분은 각 장에서 필요로 하는 핵심 이론을 정리하여 실습 전 10~15분 정도 강의가 가능하도록 하였으며, Class Activity는 핵심 이론 강의를 바탕으로 하여 강사의 지도 아래 모든 학생이 같이 생각해 볼 수 있는 사례 연구를 중심으로 이루어져 있다.

Practical Task는 각 그룹이 한 학기 동안 가상의 급식 또는 외식업체를 설정하여 동일한 사례를 가지고 모의 푸드서비스 운영관리를 해볼 수 있도록 과제를 제시하였다. 또한 학생들의 과제 진행을 돕기 위하여 PRACTICAL TASK GUIDE를 제시하여 학습한 내용과 연계된 과제를 정확하게 수행할 수 있도록 하였다.

모쪼록 본 교재가 학생들의 급식 및 외식 운영관리에 필요한 업무 수행력을 향상시키는 데 도움이 될 수 있기를 바라는 마음이 간절하다. 이론에 편중되지 않고 실질적 업무에 대한 실습을 되도록 많이 할 수 있도록 내용 구성에 노력을 기울였으나 여전히 부족함이 있어 본 교재가 더욱더 실용적인 교재로 발전할 수 있도록 관련 분야 전문가들의 많은 조언을 부탁드리는 바이다.

마지막으로 본 교재를 집필하는 과정에서 많은 조언과 도움을 주신 분들께 깊은 감사를 드리며, 특히 출판을 허락해 주신 교문사의 류제동 회장님과 이진석 상무님, 정용섭 부장님, 그리고 편집 관계자 여러분들께도 감사드린다.

2019년 1월
저자 일동

Contents

Orientation

담당교수		연구실	
담당조교		전화번호	
강의 장소 및 시간		e-mail	

교과 소개

본 수업에서는 이제까지 배웠던 다양한 푸드서비스 관련 이론을 바탕으로 하여 급식이나 외식업체에서 고객에게 고품질의 음식과 서비스를 제공하기 위하여 메뉴 및 서비스 생산에 필요한 기본 운영관리 원칙과 기술을 익혀 푸드서비스 관리자로서의 실질적 수행능력을 배양하고자 한다.

교과 목표

1. 푸드서비스 생산관리에 필요한 주요 개념을 습득한다.
2. 다양한 급식 및 외식 조직의 목적과 목표의 역할을 이해한다.
3. 푸드서비스 분야에 따른 특징을 이해하고 조직 상황에 맞는 메뉴계획을 수립한다.
4. 메뉴 생산 및 서비스 과정 각 단계에 필요한 기술을 익힌다.
5. 그 외 메뉴 생산과 서비스에 도움이 되는 지식과 기술을 적용한다.

수강생 기대사항

1. 실습 전 수업내용을 미리 예습하여 효과적인 토론 수업이 되도록 한다.
2. 실습시간에 행해지는 전체 또는 소규모 그룹 활동에 적극적으로 참여한다.

워크북 활용 계획표

NO	단원	내용
	Orientation	실습목표, 목적, 실습자세, 실습진행방법, 실습평가에 대해 알아본다.
1	푸드서비스 조직 구성 및 목표 설정	푸드서비스 조직별 목표 설정 및 조직구성도를 완성하고 푸드서비스 시스템 운영에 필요한 자원을 결정한다.
2	푸드서비스 생산 및 서비스 시스템의 결정	고객 분석을 통한 생산 및 서비스 시스템을 결정한다.
3	푸드서비스 메뉴관리계획	구체적인 메뉴를 결정하고 메뉴관리에 필요한 표준레시피를 개발한다.
4	푸드서비스 구매관리계획	메뉴관리계획에 따라 품질과 적량 구매를 고려한 발주 및 검수계획을 세운다.
5	푸드서비스 생산관리계획	메뉴 생산을 위한 인력, 기기 및 기타 필요 요소들을 이해하고 생산계획 수립 시 이용될 수 있는 도구를 알아본다.
6	푸드서비스 조리공간 및 기기·설비계획	푸드서비스에 알맞은 메뉴 생산 및 서비스 제공을 위해 필요한 기기와 설비를 결정하고 효과적인 조리공간을 계획해 본다.
7	푸드서비스 메뉴 원가관리 및 메뉴 엔지니어링	메뉴의 원가 및 가격을 결정하고, 이들 정보를 활용하여 메뉴엔지니어링을 실시해 본다.
8	푸드서비스 마케팅계획	푸드서비스 마케팅에 필요한 요소를 파악하여 업체 특성에 맞춘 마케팅 전략을 수립해 본다.
9	푸드서비스 영양교육 및 영양정보 서비스계획	업체 및 고객 특성에 맞는 영양교육 주제를 결정하고 영양교육 매체의 활용방안 또는 영양정보 서비스계획을 수립한다.
10	푸드서비스 위생관리와 HACCP	푸드서비스 품질 향상을 위해 필요한 위생관리 전략을 알아보고 HACCP 적용단계를 학습한다.
11	푸드서비스 종사원의 위생·안전교육	푸드서비스 종사원을 대상으로 한 위생 및 안전교육의 중요성에 대해 인지하고 교육방안을 모색한다.
12	푸드서비스 생산의 실제	그룹별로 완성된 메뉴 생산관리계획을 바탕으로 실제 메뉴 생산을 실시해 본다.

수강생의 기대 행동 목표

1. Professionalism : 수업시간을 정확히 지키고, 수업 전 그날의 토론 주제와 그룹 활동을 예습 · 검토하여 실습시간을 효율적으로 활용한다.
2. Attitude : 효과적인 그룹 활동을 위하여 그룹원들과의 상호 협동 및 성실한 태도를 중요시한다.
3. Promptness : 100% 출석 및 그룹 활동과 과제를 완성하도록 한다.

그룹 프로젝트 & 제출항목

실습이 진행되는 동안 5~6명이 한 그룹이 되어 특정 급식소 또는 외식업소를 대상으로 푸드서비스 관리 업무로 구성된 프로젝트를 진행하게 되며, 각 그룹원은 최소 한 개 이상의 세부 과제에 대한 프로젝트 매니저(PM, Project Manager)의 역할을 담당해야 한다. 각 세부과제의 PM은 모든 그룹원들이 주어진 과제에 적극 참여하도록 유도해야 하며 각 그룹원의 노력과 참여 정도를 평가한다.

과목평가

본 실습수업의 평가는 그룹 프로젝트 평가(%) + 그룹원 평가(%) + 중간 및 기말시험(%)을 기본으로 하여 평가된다.

1. 그룹 프로젝트 평가 : 프로젝트는 그룹별로 동일 평가하며, 여기에 동료 공헌도 평가(peer evaluation) 항목을 추가하면 개인 점수가 된다. 그룹 프로젝트 평가의 내용은 각 장의 평가항목기준에 설명되어 있다.
2. 동료 공헌도 평가 : 각 항목을 5점 기준으로 하여 각 그룹 구성원들의 참여도 등을 평가한다.

동료공헌도 평가기준

구분	내용
5 (Excellent)	• 평균이상으로 월등하게 많은 일을 하고 팀워크를 발휘하여 동료들을 도왔다. • 항상 그룹 토론, 결정사항에 주도적인 역할을 하였다. • 다른 그룹원들의 작업을 늘 도와주고 매우 협조적이었다. • 항상 그룹 미팅에 정시에 도착하였고, 미팅에 필요한 것을 완벽하게 준비하였다. • 프로젝트를 완성하는 데 지대한 공헌을 하였다.
4 (Very good)	• 평균 이상으로 일을 많이 하였다. • 그룹 토론, 결정에 중요한 역할을 많이 하였다. • 다른 그룹원과의 융화를 잘 하고 협조적이었다. • 모든 미팅에 참여하고 미팅에 필요한 것은 잘 준비하였다. • 프로젝트 완성에 비교적 많은 공헌을 하였다.
3 (Good)	• 배분된 만큼의 일을 잘 소화하였다. • 그룹 토론, 결정에 참여하였다. • 다른 그룹원을 고려하고 협조적이었다. • 대부분의 그룹 미팅에 참여하였고, 비교적 시간을 잘 지키고 그룹 미팅을 준비하였다. • 프로젝트 완성에 도움을 주었다.
2 (Fair)	• 일 배분에 있어 평균에 못 미치는 양을 소화하였다. • 가끔 그룹 토론이나 결정사항에 참여하였다. • 프로젝트 완성에 생각만큼 도움을 주지 못하였다. • 그룹원들과의 일에 비교적 잘 참여했으나 가끔 참을성이 없거나, 그룹원을 무시하거나 고려하지 않는 행동을 하였다. • 그룹 미팅에 자주 늦거나 빠지고 그룹 미팅에 필요한 준비를 하지 않았다.
1 (Poor)	• 거의 일을 하지 않았다. • 그룹 토론이나 결정사항에 참여하지 않았다. • 그룹원들은 거의 고려하지 않고 자기 멋대로 일처리를 하였다. • 그룹 미팅에 거의 참여하지 않고 준비도 제대로 되어 있지 않았다. • 프로젝트 완성에 거의 도움을 주지 않았다.

동료공헌도 평가서

그룹 :　　　　　　　　　　　　　　이름 :

평가항목 \ 이 름	본 인 (　　)	그룹원 1 (　　)	그룹원 2 (　　)	그룹원 3 (　　)	그룹원 4 (　　)	그룹원 5 (　　)
1. 프로젝트와 관련된 일의 양적 배분의 공정성						
2. 그룹 공헌도 (아이디어 제공, 활발한 의견 제시 및 제안)						
3. 협동심 (일에 대한 관심도, 적극적인 협조 및 구성원과의 융화)						
4. 할당된 일에 대한 완수 의지 (맡은 부분에 대한 성실도 및 결과 만족도)						
5. 그룹 회의 출석률 및 참여율						
6. 전체 결과물 완성에 대한 기여도						

FOOD SERVICE WORKBOOK

1

푸드서비스 조직 구성 및 목표 설정

학습목표

- 푸드서비스 조직 구성에 필요한 조직의 목적, 목표의 필요성을 이해한다.
- 푸드서비스의 목적 및 목표를 달성하기 위한 필요 요소를 알아본다.
- 푸드서비스 목적에 부합하는 푸드서비스 조직도를 구성해 본다.

01
푸드서비스 조직 구성 및 목표 설정

Lecture

1

푸드서비스의 개념과 분류

1) 푸드서비스의 개념과 목표

푸드서비스 산업은 사람들에게 가정 외에서 이루어지는 식생활을 영위하게 해주는 산업분야로, 핵심제품인 음식을 중심으로 다양한 서비스를 결합하여 즐겁고 건강한 외식생활을 할 수 있도록 도와주는 산업분야이다. 푸드서비스는 가정 외에서 이루어지는 식생활 관련 서비스 전체를 말하는 것으로서 외식서비스(commercial foodsevice)와 급식서비스(institutional foodservice) 모두를 포함하며, 일정한 장소에서 조리·가공한 음식과 이와 관련된 서비스 상품을 제공하고 이를 통해 재정적 목표를 달성하고자 하는 목표를 가진다. 더불어 최근에는 사람들의 식사 개념이 변화되면서 외부에서 일부 또는 완전하게 조리된 음식을 구매하거나 배달시켜 가정에서 최소한의 조리과정을 거쳐 섭취하는 경우가 증가하고 있다. 이와 같이 가정식과 외식의 중간 형태인 반외식(半外食)도 푸드서비스에 포함될 수 있으며 가정간편식(Home Meal Replacement, HMR), 테이크아웃, 캐이터링 등을 예로 들 수 있다.

2) 푸드서비스의 분류

우리나라 푸드서비스는 현행법상 사용하고 있는 외식산업 분류 방법을 이용하여 구분할 수 있다.

(1) 한국표준산업 분류

한국표준산업 분류표에 의하면 푸드서비스는 대분류인 [숙박 및 음식점업]에 속해 있으며, 이하 4단계로 세분화하여 구분되어 있다. 특히 일반적인 외식 이외에 [기관 구내식당업]이 세분류에 포함되어 있어 위탁급식이 외식업에 포함되어 있는 것을 볼 수 있다.

표 1-1
한국표준산업 분류표(Korean standard industrial classification)

대분류	중분류	소분류	세분류	세세분류
I 숙박 및 음식점업	56 음식점 및 주점업	561 음식점업	5611 한식 음식점업	56111 한식 일반음식점업
				56112 한식 면 요리 전문점
				56113 한식 육류 요리 전문점
				56114 한식 해산물 요리 전문점
			5612 외국식 음식점업	56121 중식 음식점엄
				56122 일식 음식점업
				56123 서양식 음식점업
				56129 기타 외국식 음식점업
			5613 기관 구내식당업	56130 기관 구내식당업
			5614 출장 및 이동음식점업	56141 출장 음식 서비스업
				56142 이동음식점업
			5619 기타 간이 음식점업	56191 제과점업
				56192 피자, 햄버거, 샌드위치 및 유사 음식점업
				56193 치킨 전문점
				56194 김밥 및 기타 간이 음식점업
				56199 간이 음식 포장 판매 전문점
		562 주점 및 알코올 음료점업	5621 주점업	56211 일반 유흥 주점업
				56212 무도 유흥 주점업
				56213 생맥주 전문점
				56219 기타 주점업
			5622 비알코올 음료점업	56221 커피 전문점
				56229 기타 비알코올 음료점업

자료 : 한국표준산업 분류(10차 개정)(2017. 1. 13. 통계청 고시 제2017-13호).

(2) 식품위생법

「식품위생법」에서는 외식산업을 '식품접객업'으로 명명하고 있으며, 영업내용에 따라 휴게음식점, 일반음식점, 단란주점, 유흥주점영업, 위탁급식, 제과점으로 나누고 있다. 식품접객업의 분류는 제공되는 것이 음식이 중심인지, 주류가 중심인지가 기준이 되고 주류의 판매 여부에 따라 신고를 하거나 허가를 받고 영업을 해야 한다. 급식소는 직영 혹은 위탁으로 운영되며, 「식품위생법」상의 집단급식소*는 영리를 목적으로 하지 않고 운영하는 급식시설로 정의하고 있으며, 위탁급식업체에 의해 영리를 목적으로 운영하는 급식시설은 식품접객업으로 분류된다.

* 「식품위생법」 제2조 제12항에 따르면 집단급식소란 영리를 목적으로 하지 아니하면서 특정 다수인에게 계속하여 음식물을 공급하는 기숙사, 학교, 병원, 사회복지시설, 산업체, 공공기관, 후생기관 등의 급식시설이라고 정의하고 있다. 또한 「식품위생법 시행령」 제2조에 의하면 집단급식소는 1회 50인 이상에게 식사를 제공하는 급식소를 말한다.

자료 : 식품의약품안전처(2018). 「식품위생법」, 「식품위생법 시행령」.

표 1-2
「식품위생법」 분류표 및 세부내용

구분	영업내용	행정절차
휴게음식점영업	주로 다류(茶類), 아이스크림류 등을 조리·판매하거나 패스트푸드점, 분식점 형태의 영업 등 음식류를 조리·판매하는 영업으로서 음주행위가 허용되지 아니하는 영업이다. 다만, 편의점, 슈퍼마켓, 휴게소, 그 밖에 음식류를 판매하는 장소(만화가게 및 「게임산업진흥에 관한 법률」 제2조 제7호에 따른 인터넷컴퓨터케임시설제공업을 하는 영업소 등 음식류를 부수적으로 판매하는 장소를 포함한다)에서 컵라면, 일회용 다류 또는 그 밖의 음식류에 물을 부어 주는 경우는 제외한다.	신고
일반음식점영업	음식류를 조리·판매하는 영업으로서 식사와 함께 부수적으로 음주행위가 허용되는 영업이다.	신고
단란주점영업	주로 주류를 조리·판매하는 영업으로서 손님이 노래를 부르는 행위가 허용되는 영업이다.	허가
유흥주점영업	주로 주류를 조리·판매하는 영업으로서 유흥종사자를 두거나 유흥시설을 설치할 수 있고 손님이 노래를 부르거나 춤을 추는 행위가 허용되는 영업이다.	허가
위탁급식영업	집단급식소를 설치·운영하는 자와의 계약에 따라 그 집단급식소에서 음식류를 조리하여 제공하는 영업이다.	신고
제과점영업	주로 빵, 떡, 과자 등을 제조·판매하는 영업으로서 음주행위가 허용되지 아니하는 영업이다.	신고

자료 : 「식품위생법 시행령」[2014. 8. 7. 대통령령 제25357호], 제21조(영업의 종류) 제8호(식품접객업).

2 푸드서비스 조직의 목적과 목표 설정

푸드서비스 조직을 원활하게 운영하기 위해서는 조직의 목적(purpose)을 명확히 하고 이에 따른 구체적 목표(goal)를 세워 종사원들과 함께 공유해야 한다. 또한 각 하부 조직별 목표(subunit goal & objectives) 및 이에 따른 개인의 세부 실천사항과 임무(task)가 설정될 수 있어야 조직이 성취하고자 하는 결과에 집중할 수 있고, 활용 가능한 자원을 적절하게 활용될 수 있도록 해준다.

표 1-3
SMART 프로세스를 활용한 목적 및 목표 설정 방법

구분	내용
Specific	획득하고자 하는 결과물을 구체적으로 제시한다.
Measurable	측정 가능한 목표를 세운다.
Achievable	성취 가능한 범위의 목표를 세운다.
Relevant	부서별 또는 팀의 목표는 조직의 상위 목표에 도움을 줄 수 있어야 한다.
Timebound	결과를 적정한 때에 얻기 위한 타임라인이 설정되어야 한다.

푸드서비스 조직 구성 및 조직도

3

푸드서비스 조직은 각 조직의 목적을 달성하기 위해 필요한 업무를 배분하고 책임과 권한을 부여하여 구성원들의 활동을 효과적으로 관리할 수 있도록 조직체계를 구성해야 한다. 조직 구성은 푸드서비스의 목적에 따라 달라지며 급식·외식 조직은 보통 다음과 같은 조직 형태로 이루어진다.

1) 조직의 형태

푸드서비스 조직의 기본 형태는 라인(line)과 스태프(staff)로 구성되어 있다. 라인은 고객을 직접 대하는 일선에서 푸드서비스 생산 및 서비스 활동을 담당하는 부서나 담당자를 의미하며 메뉴생산팀, 홀서비스팀, 영양사, 점장 등을 예로 들 수 있다. 스태프는 라인 구성원들이 생산과 서비스 활동을 원활히 할 수 있도록 필요한 부분을 지원하는 역할을 담당하며 기획, 인사, 총무, 마케팅 등이 포함된다.

2) 조직도

조직도(organization chart)는 조직의 공식적인 구조, 작업의 분담 상황, 감독 관계, 의사소통 경로, 수직적 계층 구조 및 각 지위 간의 상호관계를 도식화한 것으로서 푸드서비스 조직 내에서의 권한과 의사소통의 흐름을 한눈에 파악하기 위한 주요 도구이며 생산계획 시에도 도움이 된다.

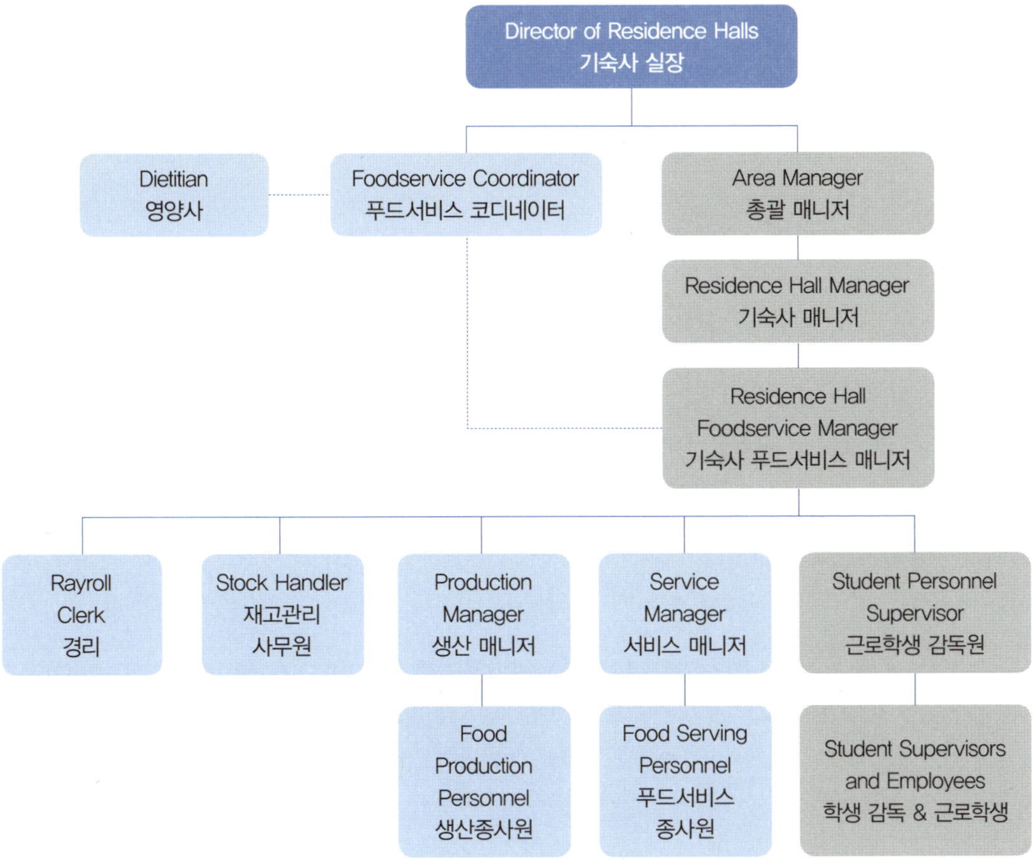

그림 1-1
급식 조직도의 예
(대학교 기숙사)

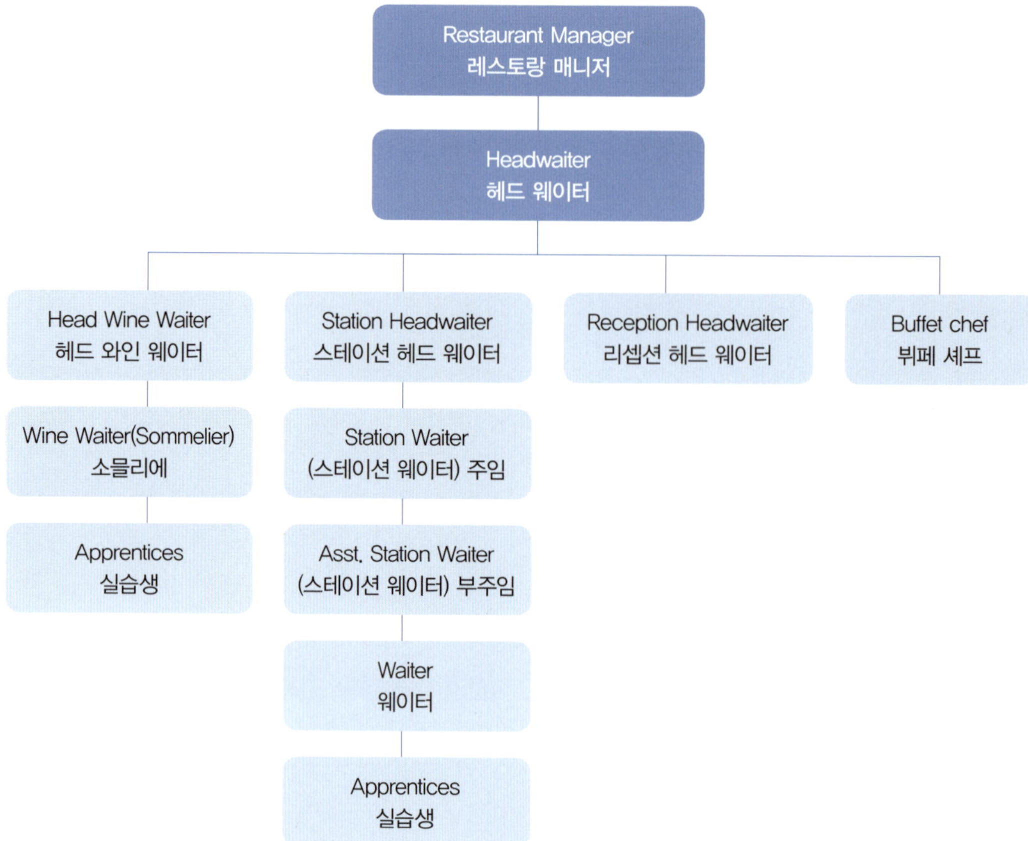

그림 1-2
외식업체 조직도의 예

4 푸드서비스 운영 자원

푸드서비스 조직에 기본적으로 필요한 자원으로는 인적자원(노동력, 기술), 재료(식품, 물품), 시설(공간, 기기), 운영자원(자본, 설비, 시간, 정보)이 있으며, 이외에 원활한 조직 운영을 위해서는 관리자의 관리 능력과 조직의 명확한 의사소통 경로 등도 함께 확보되어야 한다. 다음은 푸드서비스 자원을 활용함에 있어서 특히 고려해야 할 사항들이다.

1) 인적자원

- 적절한 수의 종사원을 확보하고 있는가?
- 종사원들이 가지고 있는 생산 및 서비스 관련 기술은 푸드서비스를 제공하는 데 적합한가?
- 음식 생산 및 서비스 운영에 있어 인력 활용에 대한 제한점은 없는가?
- 각 종사원에 대해 특별히 고려해야 하는 개인사항은 무엇인가?

2) 시설자원

(1) 생산기기

- 사용빈도 및 시간, 생산량을 고려한 기기의 성능, 용량, 크기가 적절한가?
- 종사원들이 쉽게 사용할 수 있는가?
- 유지·관리가 쉽고 편리하며 안전하게 사용 가능한가?

(2) 공간

- 조리 및 서비스 등에 필요한 시설공간의 면적이 충분하게 확보될 수 있는가?
- 조리와 서비스 흐름이 원활하도록 시설과 기기의 배치가 가능한가?
- 필요한 설비가 구비되어 있으며 설치에 문제가 없는가?
- 급수설비, 급탕설비, 가스설비, 전기설비, 조명설비, 환기설비, 방재설비, 수세설비 등이 제대로 갖추어져 있는가?

3) 관리자의 관리능력

(1) 급식 관련 지식 및 기술

- 메뉴생산 및 서비스를 관리하는 관리자로서 갖추어야 할 전문 지식, 관리 기술, 리더십 등에 대한 검토가 필요함

(2) 동기부여 능력

- 종사원에게 긍정적 자극을 줄 수 있는 훈련·감독·지휘·능력이 있어야 함
- 효과적인 의사소통으로 종사원의 자발적 실천을 유도할 수 있는 능력을 갖추어야 함

(3) 종사원 지원 능력

- 종사원이 필요로 하는 물적 자원 또는 운영 자원에 대한 효과적 지원 능력이 있어야 함
- 종사원 스스로 문제 해결을 할 수 있도록 개인 발전을 지원해야 하고 분위기를 조성할 수 있어야 함

4) 의사소통 경로

- 공식적 의사소통 경로를 확립하여 메뉴생산과 서비스를 위한 효과적 명령체계 구축이 필요함
- 비공식적 의사소통 경로를 활용한 유연하고 효과적인 조직문화 구축이 함께 이루어져야 함

Class Activity

1 다음 사례를 살펴보고 조직의 장단점, 조직 운영 시 필요한 부분 등에 관하여 DISCUSSION QUESTION을 이용하여 토의해 보자.

| 사례 A | 병원급식

1) 일반사항
- 업종 : 개인이 운영하는 중소도시의 종합병원
- 규모 : 300개 침상
- 식비예산 : 1,500원/1식(순식재료비)
- 인력현황 : 영양사(1), 조리사(2), 조리종사원(3)
- 식단형태 : 단일식단, non-selective menu 제공
- 청결과 서비스에 명성이 높다.
- 고위 간부는 병원 설립자의 가족으로 구성되어 있다.
- 조리 기기는 non-selective menu를 배식하기에 충분히 구비되어 있다.
- 입원환자들에게는 병명과 상태에 따라 일반식과 치료식으로 구분되어 병실로 배식되며 대부분의 입원환자들은 음식을 포함하여 서비스에 대해 많은 불만을 가지고 있다.

2) 급식소와 식단의 특징(일반식 기준)

① 식단의 특징
- 아침에 제공되는 달걀요리는 달걀찜과 달걀말이를 번갈아 사용한다.
- 매일 아침 요거트가 제공된다(인기 메뉴).
- 점심과 저녁은 주로 밥, 국, 김치, 채소반찬, 육류반찬, 후식용 과일로 구성된다.

② 애로사항
- 급식에서 예산에서 초과된 식자재비 사용으로 병원 예산팀으로부터 주의를 받은 상황이다.
- 배식에 소요되는 시간은 점심과 저녁을 합하여 4시간, 아침은 1시간 정도 소요된다.
- 임금은 다른 조직의 급식종사원들에 비해 높은 편이나 급식종사원들은 바쁜 하루 일과에 매우 스트레스를 받고 있으며, 이직률이 높은 편이다.
- 배식과 빈 그릇 수거는 보통 급식종사원들이 직접 실시하고 있어 많은 시간이 소요된다.

③ 인적자원의 특징
- 병원 운영진은 되도록 모든 환자들의 요구를 수용하고자 노력하고 있다.
- 간호과는 영양과와의 협력을 강조하고 있으나 실제로는 두 과의 협력이 원활히 이루어지지 않으며 환자 서비스에 관해 발생하는 문제들은 내용에 따라 협의 없이 각 과에서 자체적으로 해결하고 있다.
- 병원 운영진은 영양과에 많은 지원을 하고 있으나 영양과에서 발생하는 일에 대해 영양사의 결정을 전적으로 수용하지 않고 영양사와의 견해와 대립되는 결정을 강요한다.
- 운영회의는 대부분 서비스에 관련된 불만의 토로가 빈번하며, 각 과의 관리자는 변명하기에 바쁘다.
- 병원장의 비서는 병원장의 일가친척이다. 비서의 두 아들은 영양과의 조리보조원으로 일하다가 스스로 그만두었는데 성실성에 관한 문제로 다시 고용되지 못하고 있어 영양과에 많은 불만을 가지고 있다.

DISCUSSION QUESTION

(1) 위 조직의 목적은 무엇인가?

(2) 단체급식소 운영 시 어떤 자원이 사용 가능하며 또 어떤 자원들이 부족한가?

(3) 단체급식소 운영 시 문제나 마찰이 발생할 수 있는 부분들은 어디인가?

(4) 이 단체급식소에서 가장 큰 문제는 무엇이라고 생각하는가?

(5) (4)에서 밝혀진 문제점의 해결 방안은 무엇인가? (3가지 이상)

(6) (5)의 해결 방안을 이루기 위해 필요한 자원들은 무엇이며 어떻게 활용해야 하는가?

(7) 해결 방안을 실천하기 전에 위험 분석(risk analysis)을 해보자. 높은 점수가 나오면 위험부담이 높은 해결 방안이 되므로 신중히 검토한 후 접근해야 한다. 위험부담 점수를 고려할 때 가장 안전한 해결 방법은 무엇인지에 대해서도 토론해 보도록 한다.

위험 요소	위험부담 점수
비용 소요	3
시간 소요	1
인원 감축 필요	2
행정 변화의 필요	3
교육/훈련의 필요	1
규칙/기준 변화의 필요	2
급식관리자의 많은 노력과 적극성 필요	1
경쟁의 필요	2
개인 희생이 요구됨	3
총 위험부담 점수	

2 다음 사례를 보고 SMART 프로세스를 이용하여 조직의 목적과 목표를 설정해 보자.

| 사례 B | 외식업체

'Bun Cha' 레스토랑은 서울에서 베트남 음식을 전문으로 하는 레스토랑으로 현재 시청 주변의 골목에 입점하여 운영 중이다. 10년 이상 요리 경험이 있는 셰프가 레스토랑을 오픈하였으며, 이 레스토랑의 강점은 음식의 품질과 맛이다. 따라서 레스토랑이 사람들의 눈에 잘 띄는 곳에 위치해 있지는 않으나 음식의 맛과 서비스로 꽤 유명한 곳이다. Bun Cha의 주요 고객은 점심시간에는 직장인들, 그리고 저녁과 주말에는 가족단위의 고객이다. 영업 운영 결과 여름을 제외하고 대부분의 계절에 영업이 원활히 되는 편이었다. 현재 레스토랑은 오너 셰프(1), 조리보조(2), 홀종사원(2)으로 인력구성이 되어 있으며, 60석의 좌석이 마련되어 있다. 영업시간은 점심 11:30~3:00, 저녁 5:00~10:00까지 운영 중이며, 평균 객단가는 8,000원이다. 본 레스토랑의 사장은 2년 안에 2호점을 런칭하고자 하는 목표를 가지고 있어 단기간 목표는 브랜드 인지도를 높이는 것이다. 이와 같은 상황과 특성을 고려하여 레스토랑의 구체적인 목표 및 실행계획을 설정해 보도록 한다.

Practical Task

푸드서비스 조직 한곳을 선택하여 다음 사항을 결정하고 PM은 그룹원들과 토의한 내용을 정리하여 제출한다.

1 조직의 특징을 파악하고 이 조직의 전체 목적 및 목표를 설정한다.

2 조직의 구성을 파악하여 조직도를 작성한다.

- 외식조직 : 조직 내의 구성을 파악하며 조직도를 작성한다.
- 급식조직 : 급식소가 속해 있는 중심조직(병원, 산업체 등) 내에서 급식소의 위치를 판단한 후, 조직도를 작성한다.

3 푸드서비스 조직의 특징을 고려하여 목적과 목표를 설정해 본다.

4 푸드서비스 조직의 목적과 목표를 이루기 위해 필요한 자원의 구체적 사항을 결정한다.

FOOD SERVICE WORKBOOK

2

푸드서비스 생산 및 서비스 시스템의 결정

학습목표

- 푸드서비스 생산 시스템의 종류와 특징을 이해한다.
- 다양한 음식 제공 서비스 방법을 알아본다.
- 푸드서비스 목적에 맞는 생산 시스템 및 서비스 방법을 결정할 수 있다.

02

푸드서비스 생산 및 서비스 시스템의 결정

Lecture

1 푸드서비스 시스템의 이해

푸드서비스 시스템은 푸드서비스 조직의 목적을 달성하기 위해 다양한 자원을 활용하여 최종 결과물인 메뉴와 서비스를 만들어가는 과정으로 식품 구입–조리 과정–음식 제공과 관련된 세부 업무들의 유기적 연결로 이루어져 있다. 푸드서비스 생산시스템은 기본적으로 컨벤셔널 푸드서비스 시스템, 커미셔리 푸드서비스 시스템, 레디 프리페어드 푸드서비스 시스템, 어셈블리 푸드서비스 시스템으로 구분할 수 있다.

1) 컨벤셔널 푸드서비스 시스템

컨벤셔널 푸드서비스 시스템(conventional foodservice system)은 음식의 생산 및 제공 과정이 동일한 장소에서 연속적으로 이루어지는 시스템으로 음식 조리와 제공까지의 시간이 다른 시스템에 비해 적게 소요되어 음식의 적온 서비스가 가능하다. 대부분 소규모 외식업체에서 사용하는 시스템이며 인건비가 저렴한 지역과 규모가 작은 급식소에도 적합한 효율적인 시스템이다. 그러나 음식 생산 및 서비스가 한곳에서 이루어지므로 시설투자비에 대한 부담이 있고 많은 노동력과 다양한 조리기술이 요구되어 효율적인 인력 관리 및 인건비 조절이 매우 중요하다.

2) 커미셔리 푸드서비스 시스템

커미셔리 푸드서비스 시스템(commissary foodservice system)의 특징은 센트럴 키친(central kitchen)을 두어 컨벤셔널 푸드서비스 시스템에 준하는 음식 조리 과정을 거쳐 음식을 대량생산하는 것이다. 생산

이후 제공 목적에 따라 대량(bulk) 또는 소량(portioning)으로 패키지화하고 일정기간 냉장·냉동 저장 또는 온장 저장한 후, 실제 고객에게 제공될 외식업체나 급식소에 배달되는 시스템으로 조리 후 저장 및 운반 단계에서의 적절한 온도 유지가 관건이다. 본 시스템 이용 시 식품 구입부터 생산 과정이 한곳에서 집중적으로 이루어지므로 대량식품 구매에 따른 식재료 비용을 절감할 수 있고 생산성 증가가 가능하며 음식의 질과 양을 표준화하는 데 유리하다. 반면 대량생산에 필요한 조리설비 및 필요 지역으로 운반할 수 있는 적정 기구와 운반차량이 있어야 하므로 초기 투자 비용이 높다.

3) 레디 프리페어드 푸드서비스 시스템

레디 프리페어드 푸드서비스 시스템(ready prepared foodservice system)은 음식을 조리한 직후 바로 특별한 방법으로 저장(cook–chill, cook–freeze, sous–vide)*하였다가 필요한 때에 열처리를 거친 후 제공되는 시스템으로 저장시간이 길어 품질 유지에 필요한 급속냉동, 급속냉각 등의 기술과 포장기술이 중요하다. 본 시스템의 장점은 음식의 생산과 소비가 분리되어 있어 계획적인 생산이 가능하고 노동력과 기술을 효율적으로 활용할 수 있다는 것이다. 반면 조리와 저장을 위한 특수한 설비 및 기기가 필요하고 냉장·냉동 과정에서 일어날 수 있는 품질 변화가 문제 될 수 있다. 따라서 조리된 음식의 장기 보존에 따른 품질 유지를 위한 관리 프로그램이 반드시 있어야 하며 이에 따른 조리 종사원 교육·훈련이 중요하다. 또한 쿡칠(cook–chill)의 경우 특수 조리기기에서 생산 가능한 음식의 종류가 제한될 수 있고 재가열 시 음식의 품질이 달라질 수 있으므로 이를 최소화하기 위해 저장온도, 시간, 포장, 안정제 첨가 등 적절한 실험조리를 통해 적합한 레시피를 개발해야 한다.

*
- cook–chill : 메뉴 생산 후 급속냉각시켜 약 3℃에서 냉장 저장하는 방식
- cook–freeze : 메뉴 생산 후 급속냉각시켜 –18℃ 이하에서 급속냉동을 하여 저장하는 방식
- sous–vide : 조리–냉장방식의 일종으로 밀폐된 진공팩에 담은 음식물을 미지근한 물속에 넣어 저온으로 데우는 진공저온조리법으로 조리 후 급속냉각하여 0~2℃에서 저장하는 방식

자료 : 전희정 외(2018). 단체급식관리. 파워북. p.53~54.

4) 어셈블리 푸드서비스 시스템

어셈블리 푸드서비스 시스템(assembly foodservice system)은 반조리 또는 완전 조리된 음식을 이용하여 저장–가열–제공 등 최소 조리 과정만을 필요로 하는 것이 특징이며 컨비니언스 푸드서비스 시스템(convenience foodservice systme)이라고도 한다. 주로 가공·편이 식품을 사용함으로써 조리를 위한 시설 및 노동력의 필요성이 거의 없고, 제공되는 음식의 분량관리가 가능하여 식품 낭비를 최소화할 수 있다. 반면 일률적으로 만들어진 제품이 제공되어 고객 기호나 영양 필요 정도를 고려할 수 없으며 가공 또는 반가공 상태의 식품을 구매함으로써 식재료비가 상대적으로 높으며 저장 공간의 확보가 필요하다. 편의점에서 판매되는 음식형태를 대표적인 예로 들 수 있으며, 급식소에서는 일반적인 급식 제공에 이용하기보다는 비상시에 이용하는 경우가 많다. 또한 특별한 영양요구를 필요로 하는 환자식 등의 사용에는 주의를 기울여야 한다.

2 음식 제공 서비스 방법

푸드서비스 시스템을 통하여 생산된 음식은 다양한 방법으로 고객에게 제공될 수 있으며, 서비스 방법은 특징에 따라 테이블 서비스, 어시스트 서비스, 셀프 서비스, 카운터 서비스 등이 있다.

1) 테이블 서비스

테이블 서비스(table service)는 식사장소에 고객이 들어와 메뉴를 보고 주문을 하면 종사원들이 고객이 주문한 음식을 테이블에 가져다 놓는 서비스를 말한다.

- 아메리칸 서비스[American(or plate) service] : 가장 보편적인 테이블 서비스 방법으로 주문한 음식이 주방에서 접시에 미리 담겨져 나오며, 서버가 각 음식마다 주문한 개인 앞에 놓아주는 형식이다. 회전이 빠른 일반 외식업체에서 대부분 사용하고 있다.
- 잉글리시 서비스(English service) : 서버가 플래터(platter)에 음식을 들고 와 고객의 접시에 덜어주는 서비스 형식으로 서버의 숙련도가 요구되며 중식당 등에서 많이 사용된다.
- 프렌치 서비스[French(or butler) service] : 파인 다이닝에서 많이 쓰이는 테이블서비스 형태로 서버가 정교하게 플레이팅된 음식을 가지고 나오면 각 고객은 취향에 맞게 음식을 직접 덜어 먹는 형식을 취하고 있다.
- 러시안 서비스(Russian service) : 트롤리나 큰 쟁반을 이용하여 주방에서 준비된 음식을 고객 테이블 앞까지 운반하고 사이드 테이블(gueridon)을 이용하여 정교하게 서비스하는 방법이다.

2) 셀프 서비스

셀프 서비스(self service)는 고객이 서빙에 직접 참여하는 형식의 서비스를 말하는 것으로서 대표적인 예로 뷔페나 푸드코트에서 많이 볼 수 있는 서비스 형태이다. 고객이 음식카운터에서 직접 음식을 덜어와 먹는 서비스의 형태이며, 빠른 서비스를 목적으로 하고 인건비가 낮은 것이 특징이다. 준비된 음식을 종사원이 담아주고 이를 고객테이블로 가져와 먹는 형태의 카페테리아 서비스도 준셀프 서비스(semi self service)라고 할 수 있다.

3) 카운터 서비스

카운터 서비스(counter service)는 주방 앞의 카운터를 테이블로 사용할 수 있도록 설치하여 서버가 많은 이동 없이 서비스를 제공하는 방식으로, 소규모이며 고정메뉴를 취급하는 외식업체에서 많이 사용한다. 카운터에 앉은 고객은 조리 과정을 지켜볼 수 있으며, 음식 섭취에 필요한 간단한 기물은 셀프서비스로 이루어지는 경우가 많다.

4) 기타

이 외에도 병원에서 많이 이용되는 트레이 서비스(tray service), 다이닝 공간이 아닌 곳에서 서비스를 받는 트롤리 서비스(trolley service), 외식 배달 또는 노인 도시락 배달 서비스 등이 있으며, 주문과 음식의 섭취가 각기 다른 곳에서 이루어지는 테이크 아웃, 자동판매기, 푸드트럭 등도 많이 이용되는 음식 제공 서비스 방식이다.

Class Activity

중 · 대규모의 급식 또는 외식업체를 선정하여 활용되고 있는 푸드서비스 생산 시스템과 서비스 방법을 파악하여 실제 현장에서 어떻게 적용되고 있는지 토론해 보도록 한다.

Practical Task

그룹별로 선정된 푸드서비스 조직의 메뉴 생산 및 서비스 제공을 위한 푸드서비스 생산 시스템과 서비스 방법을 선택하고 각 시스템 운영에 필요한 자원이나 요소를 결정한다.

FOOD SERVICE
WORKBOOK

3

푸드서비스 메뉴관리계획

학습목표

- 구체적인 메뉴를 계획하기 위하여 해당 조직의 생산 시스템 및 서비스 시스템, 시스템 설정배경, 고객의 특징, 메뉴형태 등을 정확히 이해할 수 있다.
- 고객의 특성에 맞게 영양소 배분을 고려한 메뉴계획표를 작성할 수 있다.
- 실질적인 메뉴관리계획인 메뉴 작성, 표준레시피를 작성할 수 있는 능력을 배양할 수 있다.

03

푸드서비스 메뉴관리계획

Lecture

1

메뉴의 분류

메뉴는 공급 방법에 따라 작성 시 요점이 다르다. 급식에서 메뉴란 인체에 필요한 식품을 균형적으로 보급하고, 과학적인 조리 방법을 제시하는 식사계획으로, 영양과 기호를 충족시킬 수 있도록 식품의 종류와 양을 정하는 것이며, 외식에서 메뉴는 외식업체의 경영활동 결과물인 식음료 상품, 서비스, 가격, 분위기 등을 종합한 것이라고 정의할 수 있다.

1) 메뉴 주기에 따른 분류

(1) 고정 메뉴(fixed menu)

동일한 메뉴를 변화 없이 일정 기간 지속적으로 제공하는 형태이다. 노동력과 재고가 감소되고 생산 통제나 조절이 용이하며 교육 및 훈련비용이 적게 소요된다.

(2) 순환 메뉴(cycle menu)

일정한 주기에 따라 반복되는 메뉴의 형태로서 1주, 10일, 15일, 4주 등 일정기간 동안 사용하며 외식업소의 경우 주로 계절을 중심으로 4회 사이클 메뉴를 활용할 수 있다.

(3) 변동 메뉴(changing menu)

푸드서비스 업체의 운영 여건에 따라 변화되는 형태로 보통 식재료 수급이나 시장 상황에 맞게 조정 가능하다.

(4) 일회성 메뉴(single use menu)

특별한 목적을 가지고 특정한 날이나 제한된 기간 동안만 제공되는 메뉴이다.

2) 메뉴내용과 가격 지불방법에 따른 분류

(1) 알 라 카르트 메뉴(à la carte menu)

일품요리 차림표를 말하며 메뉴별로 제공되고, 가격도 각각 책정되어 있어 원하는 메뉴를 고객이 선택할 수 있다.

(2) 타블 도트 메뉴(table d'hôte menu)

정식 요리 메뉴로 주메뉴에 몇 가지 코스별 메뉴를 세트화하여 정해진 가격으로 제공한다.

(3) 오늘의 메뉴(du jour menu)

당일 특별메뉴 또는 특선메뉴를 말하며 가장 양질의 재료를 상황에 따라서 다양하게 서비스하여 고객의 선택을 흥미롭게 유도할 수 있다.

3) 메뉴선택에 따른 분류

(1) 단일식단(또는 메뉴)

급식소의 경우 식단이 한 종류만으로 제공되는 방식으로 과거의 단체급식은 대부분 이 방식을 사용하였고 학교급식, 병원급식, 대학기숙사, 양로원 등에서 주로 사용한다. 외식업소에서는 한 가지 메뉴 품목을 판매하는 경우나 전체식사에 대한 고정된 가격을 지불하게 되는 프리픽스(prix fixe), 세트 메뉴(set menu)를 포함할 수 있다.

(2) 복수식단(또는 메뉴)

급식의 경우 2종류 이상의 식단이 제공되며, 외식의 경우 여러 가지 메뉴품목이 제공되는 것으로 급식대상자나 고객이 그 중에서 기호에 맞는 것을 선택할 수 있다.

(3) 제한선택식단

급식의 경우 주어진 단일식단 구성에서 부분적으로 선택이 가능한 식단으로 주로 주찬이나 후식 음료 등의 일부를 선택할 수 있다. 외식업소에서는 타블 도트 메뉴에 샐러드, 후식 부분 등 일부만 알 라 카르트 메뉴를 혼합하여 제공되는 콤비네이션 메뉴(combination menu)의 형태로 볼 수 있다.

(4) 선택식단

카페테리아(cafeteria) 방식의 메뉴 제공이 대표적으로 음식 선택이 자유로워 기호를 충족시킬 수 있으며 급식에서는 선택 제한에 의한 강제성을 완화시킬 수 있으나 지나친 기호식의 선택으로 인해 영양편중이 우려되며, 식비의 과중부담이 초래된다. 운영자의 입장에서는 고객의 음식 선택의 폭이 넓어지면서 식재료비가 많이 들고, 조리인력이 많이 필요하며 서비스 속도가 느려질 수 있다.

2

메뉴 작성 시 고려사항

급식과 외식에서 메뉴 작성 시 고려해야 할 사항은 아래 〈표 3-1〉과 같다.

표 3-1
메뉴 작성 시 고려사항

급식	외식
• 급식대상자 집단의 특징을 파악한다. • 영양 제공량을 결정한다. • 급식대상자의 식습관과 기호도를 파악한다. • 식품의 적절한 배합과 조리기술을 선택한다. • 소요경비에 대한 경제성을 고려하여 재료비 비율을 정한다. • 조리종사원의 숙련도를 파악하여 업무능력을 향상시킨다. • 조리실 시설·설비 및 기구 활용도에 따라 메뉴를 고려하여 작성한다. • 배식 시 식품의 안전성과 위생적인 면을 고려한다.	• 고객의 수준이 반영된 메뉴를 사전검토한다. • 메뉴의 시장성·트랜드를 파악한다. • 메뉴의 경제성을 고려한다. • 직원의 숙련도, 서비스 기술 수준을 고려한다. • 조리실 시설·설비 및 기구 활용도에 따라 메뉴를 고려하여 작성한다. • 식재료 구매 시장의 성격을 파악하여 구매계획을 세운다. • 다양한 수익평가 기법을 통해 효과적인 수익관리가 이루어져야 한다.

3

푸드서비스를 위한 급식/외식 메뉴계획

푸드서비스는 가정 외에서 이루어지는 식생활 관련 서비스 전체를 말하는 것으로서 급식서비스와 외식서비스 모두를 포함하며, 일정한 장소에서 조리·가공한 음식과 이와 관련된 서비스 상품을 제공한다. 또, 음식을 중심으로 다양한 서비스를 결합하여 즐겁고 건강한 외식생활을 할 수 있도록 한다.

1) 급식 메뉴

급식의 메뉴는 순환메뉴 형태로 주기를 1주, 10일, 15일, 4주, 3개월, 6개월 단위로 일괄 계획하여 작성한다. 급식 메뉴 작성 시 한국인 영양소 섭취기준(2015년) 1인 1회 분량을 고려해서 쌀밥은 210g, 고기·생선 반찬류는 60g, 채소 반찬류는 30~70g, 김치류는 40g으로 제공할 수 있다. 보건복지부에서 제공한 2015 한국인 영양소 섭취기준의 급식 메뉴계획표 예시는 〈표 3-2〉와 같다.

표 3-2
급식 메뉴계획표의 예
(12~18세 여성 권장 식단 2,000kcal, A타입)

메뉴	분량	아침	점심	저녁	간식
		현미밥 무채국 쇠고기장조림 양상추샐러드 배추김치	참치덮밥 호박된장국 오징어채무침 오이피클	보리밥 순두부찌개 브로콜리볶음 고사리나물	바나나 아이스크림 방울토마토 우유 사과
곡류	3회	현미밥 210g(1)	쌀밥 210g(1)	보리밥 210g(1)	–
고기·생선·달걀·콩류	3.5회	쇠고기 60g(1)	참치통조림 30g(0.5) 건오징어채 15g(1)	순두부 100g(0.5) 바지락 20g(0.25) 돼지고기 15g(0.25)	–
채소류	7회	무 35g(0.5) 양상추, 오이, 당근 70g(1) 배추김치 40g(1)	양파 35g(0.5) 호박 35g(0.5) 오이 35g(0.5)	호박, 양파 35g(0.5) 브로콜리 70g(1) 고사리 35g(0.5)	방울토마토 70g(1)
과일류	2회	–	–	–	바나나 100g(1) 사과 100g(1)
우유·유제품	2회	–	–	–	아이스크림 100g(1) 우유 200mL(1)
식사 사진					–
간식 사진		바나나 	아이스크림, 방울토마토 	우유, 사과 	

※ 유지·당류 6회는 조리 시 소량씩 사용
자료 : 보건복지부(2015). 2015 한국인 영양소 섭취기준.

2) 외식 메뉴

외식의 메뉴는 보통 메뉴의 내용 및 가격, 메뉴가 제공되는 시간, 메뉴의 주기에 의해 구분된다. 메뉴 내용과 가격 지불 방법에 따른 메뉴는 구성 내용에 의해 알 라 카르트 메뉴, 테이블 도트 메뉴, 뒤 주앙 메뉴 등으로 분류되며, 메뉴 주기에 따라 고정 메뉴, 순환 메뉴, 변동 메뉴로 분류된다. 이 외에 마케팅 관점에서 활용되는 메뉴들이 있다. 메뉴와 메뉴 수의 결정은 고객 만적 및 운영 효율성을 모두 고려하여 전략적으로 이루어져야 한다. 먼저 업종 카테고리와 세부 메뉴를 결정하고, 판매되는 메뉴의 종류와 메뉴 가짓수에 따라 필요한 주방 면적과 조리기구 등 초기 투자비가 수반되는 중요한 의사결정을 고려한다.

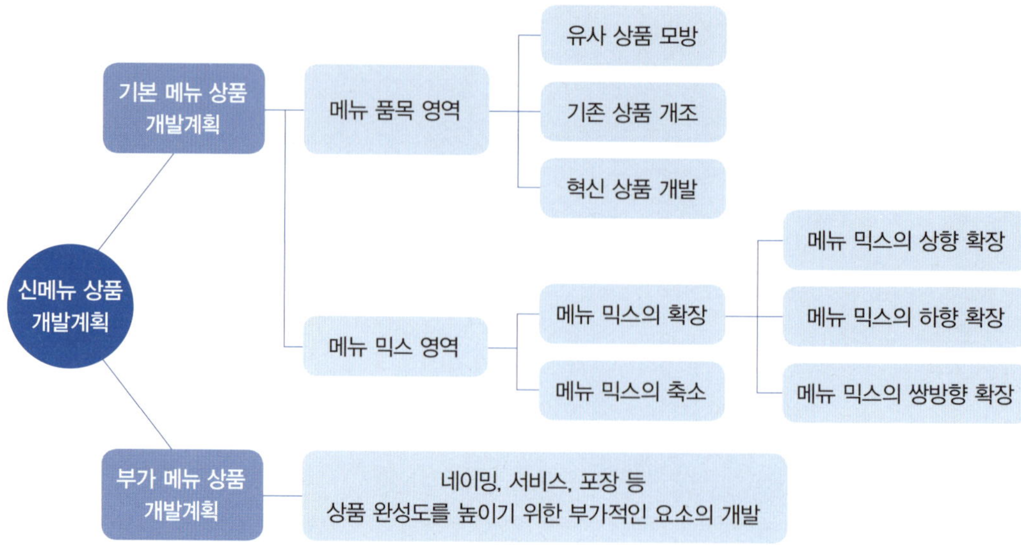

그림 3-1 외식 메뉴계획표의 예

자료 : 김태희 외(2017). 외식서비스 마케팅. p.187.

표 3-3 메뉴계획 과정

급식	외식
• 급식대상자의 영양 제공량을 결정한다. • 하루 3회의 영양 제공량을 배분한다. • 음식 가짓수를 계획한다. • 식품 구성을 결정한다. – 주식을 결정한다. – 국·찌개 종류를 정한다. – 주된 음식인 단백질 음식을 배분한다. – 채소와 기타 식품에서 부수적인 반찬으로 1~2종류를 결정한다. – 조리 방법을 결정하되, 특히 기름을 사용하는 요리의 균형을 고려한다. – 김치 및 후식을 결정한다.	• 상품 아이디어를 개발한다. • 내부 평가를 한다. • 관능검사를 하여 모니터링한다. • 시식회를 통해 관계자 테스트를 한다. • 상품을 도입한다.

4 표준레시피 개발

표준레시피는 일관된 품질 유지와 표준단가에 대한 정보를 제공해 주며 과잉생산에 대한 낭비를 방지하고 구매량을 조정하는 기초자료로 사용된다. 일률적인 정량배식으로 정확한 1인당 원가 산출의 기준이 되어 실제 원가와 비교 분석할 수 있는 자료가 된다. 표준레시피 작성 시 종류와 운영형태, 예산, 식단의 형태, 조리기기의 구비 여부에 따라 각각의 배식 및 서빙 장소 실정에 맞게 조정하고 표준화시켜야 한다. 표준조리법에는 레시피 이름, 레시피 분류번호, 재료명, 재료의 양, 조리법, 조리시간 및 온도, 총 생산량과 조리에 필요한 인원(조리종사원 수), 1인 배식량이 기본적으로 기입된다.

다량조리의 표준레시피 작성을 위해서는 다음과 같은 항목의 표준화 작업이 선행되어야 한다.

- 음식 목록의 체계적 분류 및 코드화
- 식재료의 분류 및 코드화
- 품질, 규격, 측정 방법
- 사용기구, 조리시간 및 온도의 측정
- 배식 용기 및 기구의 표준화
- 단위의 표준화

Class Activity

다음 대학교 내 푸드서비스 운영 사례를 살펴보고 [식당 1] 또는 [식당 2]의 특징에 맞는 메뉴관리계획 사항에 대해 DISCUSSION QUESTION을 이용하여 토의해 보자.

| 사례 | 대학교 내 푸드서비스

푸드서비스 목적 및 운영방향

- 본 푸드서비스의 목적은 다양한 연령의 성인 고객에게 균형 잡힌 영양을 공급하여 식사를 통해 개인의 건강 유지와 증진, 작업능률을 향상시키고자 함
- 한국인 영양소 섭취기준을 기초로 하여 칼로리, 나트륨, 첨가당을 알맞게 제공할 수 있는 메뉴 및 식단을 제공하고자 함
- 학교 외부의 편의점, 대중음식점, 패스트푸드점과 경쟁관계에 있어 다양화·고급화된 메뉴로 교내 구성원의 입맛과 저렴한 가격에 대한 요구를 충족시키고자 함
- 다양한 구성원들의 이용 행태 및 시간을 고려하여 학생식당과 교직원 식당을 운영하고 있음

[식당 1] 학생식당	[식당 2] 교직원 대상
• 운영특징 : 학생들을 위한 푸드코트의 알 라 카르트 메뉴 형태로 제공함 • 이용자 특징 : 20대 초·중반의 학생 (남 : 여 = 7 : 3) • 식당이용자 수 – 중식 : 1,000명 – 석식 : 500명	• 운영특징 : 교직원을 위한 식당으로 급식소 식단형태로 음식을 제공하여 중식은 2선택 식단, 석식은 단일식단으로 운영하며 한국인 영양소 섭취기준을 기초로 함 • 이용자 특징 : 대부분 30~50대 후반까지의 교직원이 이용하며 학생들도 이용 가능함. 보통 이용 비율은 교직원 : 학생이 80 : 20 정도임 • 식당이용자 수 – 중식 : 400명 – 석식 : 200명

DISCUSSION QUESTION

(1) 사례에 제시된 푸드서비스의 생산 시스템과 서비스 시스템은 어떤 것이 바람직하겠는가?

(2) (1)의 시스템을 선택한 이유는 무엇인가?

(3) 고객의 특성을 고려했을 때 사례 속 고객들에게 제공할 메뉴의 특징은 무엇인가?

(4) 메뉴는 어떤 형태가 바람직하겠는가?

(5) 사이클 메뉴라면 그 주기는 어느 정도가 적당한가?

(6) 사례에 해당하는 푸드서비스 고객을 위한 제공영양량을 산정하면 얼마인가?

(7) 메뉴 작성 시 주요 고려사항은 무엇인가?

(8) 계획된 메뉴를 생산하기 위해서는 어떤 조리기기가 필요한가?

(9) 해당 푸드서비스의 메뉴계획표는 어떻게 작성할 것인가?

(10) 위 (9)를 토대로 하여 1일 메뉴계획표와 음식별 표준레시피를 작성해 보자.

• 표준레시피의 예(100인분 기준)

<table>
<tr><td colspan="2">음식명 : 달래된장찌개</td><td>필요 조리기구 : 스팀 회전식 국솥</td></tr>
<tr><td colspan="2">조리시간 : 약 2시간</td><td>조리 전 준비기간 : 약 1시간</td></tr>
<tr><td colspan="2">총 생산량 : 약 100인분</td><td>총 생산 중량 또는 부피 : 35L</td></tr>
<tr><td colspan="3">1인 분량 : 350mL</td></tr>
<tr><td colspan="2">서빙 기구 : 국자</td><td>서빙 온도 : 65℃ 이상</td></tr>
<tr><th>재료명[1])</th><th>필요량</th><th>단위</th></tr>
<tr><td>쇠고기(우둔)</td><td>1.2</td><td>kg</td></tr>
<tr><td>된장</td><td>2</td><td>kg</td></tr>
<tr><td>달래</td><td>4</td><td>kg</td></tr>
<tr><td>홍고추</td><td>0.3</td><td>kg</td></tr>
<tr><td>풋고추</td><td>0.6</td><td>kg</td></tr>
<tr><td>대파</td><td>0.6</td><td>kg</td></tr>
<tr><td>참기름</td><td>2</td><td>cup</td></tr>
<tr><td>소금</td><td>2</td><td>cup</td></tr>
</table>

(계속)

전처리 과정[2]
• 쇠고기는 깨끗하게 씻고 적당한 크기로 자른 후 사용 전까지 냉장고에 보관한다. • 달래는 억센 부분을 제거하여 다듬은 후 흐르는 물에 여러 번 반복하여 씻고, 길이 4cm로 자른 후 사용 전까지 냉장고에 보관한다. • 대파와 풋고추, 홍고추는 여러 번 깨끗하게 씻은 후, 0.5cm 길이로 어슷썰기 하고 사용 전까지 냉장고에 보관한다. • 깨끗한 냄비에 된장을 물에 풀고 사용 전까지 보관한다. ※ 기구의 용도별 분리 사용, 소독된 기구 사용, 전처리용 장갑 착용
생산 과정[3]
• 깨끗한 냄비에 참기름을 두르고 쇠고기가 하얗게 익을 때까지 달달 볶는다. • 된장을 푼 물을 넣은 후 소금으로 간을 하고 뚜껑을 덮고 끓인다. • 한소끔 끓으면 대파, 홍고추, 풋고추, 달래를 넣어서 살짝 더 끓인다. • 조리에 사용되었던 기구들을 깨끗하게 세척·소독한다. ※ 소독된 기구 사용, 조리용 장갑 착용, 전용용기 사용, 맛보고 남은 음식 폐기
서빙 과정
• 서빙하기 전 온도는 65℃ 이상으로 유지한다. • 서빙할 그릇에 쇠고기와 달래를 고르게 담고, 그 위에 국물을 끼얹는다.

주 1) 재료명은 준비 순서에 따라 작성하되 필요한 형태나 크기 등을 자세히 명시한다.
2) HACCP 개념을 포함하여 알아보기 쉽게 작성한다.
3) 생산 과정은 위의 재료를 이용하여 순서대로 작성하고, HACCP 개념을 포함하여 알아보기 쉽게 작성한다.

Practical Task

각 그룹에서 맡은 푸드서비스에 대해 다음 사항을 결정하고, PM은 그룹원들과 토의한 내용을 정리하여 제출한다(PRACTICAL TASK GUIDE 활용).

1 조직의 생산 시스템과 서비스 시스템을 결정하고, 이 시스템을 선택한 이유에 대해 고찰한다.

2 고객의 특징을 파악하여 급식은 영양제공량 등을 설정하고, 외식은 주메뉴와 곁들임 음식의 특성을 파악하여 메뉴를 설정한다.

3 조직의 메뉴계획(급식/외식)을 게시될 형태로 작성한다.

4 메뉴계획을 바탕으로 하여 이에 따른 메뉴 계획표를 급식은 중식기준 5일 메뉴, 외식은 메뉴판으로 구성하고 각각의 음식에 대한 표준레시피를 작성해 본다(그룹원 개개인이 1일 이상의 메뉴계획과 그 날의 음식에 대한 표준레시피를 작성할 수 있도록 한다).

◤ 메뉴계획을 위한 푸드서비스 운영 특성 파악

(1) 생산 시스템과 서비스 시스템	
(2) 시스템 선택 이유	
(3) 제공할 메뉴의 특징	
(4) 메뉴 형태	
(5) 사이클 주기(사이클 메뉴 활용 시)	
(6) 제공영양량(급식)/열량, 나트륨, 첨가당(외식)	
(7) 메뉴 생산을 위한 필요 인원 및 조리 기구 결정	

◤ 메뉴판 작성

- [급식] 중식 기준 5일 메뉴계획표

메뉴명		식품명	식품군	열량(kcal)	탄수화물(g)	단백질(g)	지방(g)	1인 분량(g)
월								
합계								
화 ⋮ 금								

• [외식] 메뉴판(주메뉴+곁들임 음식으로 작성)

메뉴명		식품명	열량(kcal)	식염첨가량(g)[1)]	첨가당(g)[2)]
주메뉴					
곁들임 음식					
주메뉴					
곁들임 음식					
주메뉴					
곁들임 음식					
주메뉴					
곁들임 음식					
주메뉴					
곁들임 음식					

주 1) 식염첨가량 : 조리 시 넣는 소금의 첨가량
  2) 첨가당 : 식품의 제조과정이나 조리 시에 첨가되는 당과 시럽으로 백설탕, 흑설탕, 시럽, 꿀, 물엿 등

◤ 표준레시피 양식(급식 100인분/외식 1인분 기준)

음식명 :		필요 조리기구 :
조리시간 :		조리 전 준비기간 :
총 생산량 :		총 생산 중량 또는 부피 :
1인 분량 :		
서빙 기구 :		서빙 온도 :
재료명	**필요량**	**단위**

전처리과정

생산과정

서빙과정

FOOD SERVICE WORKBOOK

4

푸드서비스 구매관리계획

학습목표

- 구매관리계획은 정해진 예산 범위에서 양질의 식품을 구매하고 최적의 품질을 유지하도록 보관하는 것이다. 식품을 언제, 어디서, 어느 정도의 분량을 얼마에 구매하고 어떻게 보관할 것인가를 결정할 수 있다.
- 구매하는 식품의 종류 및 식품의 유통경로가 다양하므로 식품에 대한 올바른 지식과 현명한 식품구매 능력을 갖출 수 있다.
- 식품의 감별법, 제철식품에 대한 지식과 식품보존 방법에 관하여 설명할 수 있다.
- 효율적인 구매관리를 위해서는 발주량 결정, 식품별 특성 및 규격 확인을 위한 검수, 재고관리 등을 수행할 수 있다.

04

푸드서비스 구매관리계획

Lecture

1 식품 구매 절차

식품 구매를 효율적으로 수행하기 위해서는 다음의 절차를 이행한다.

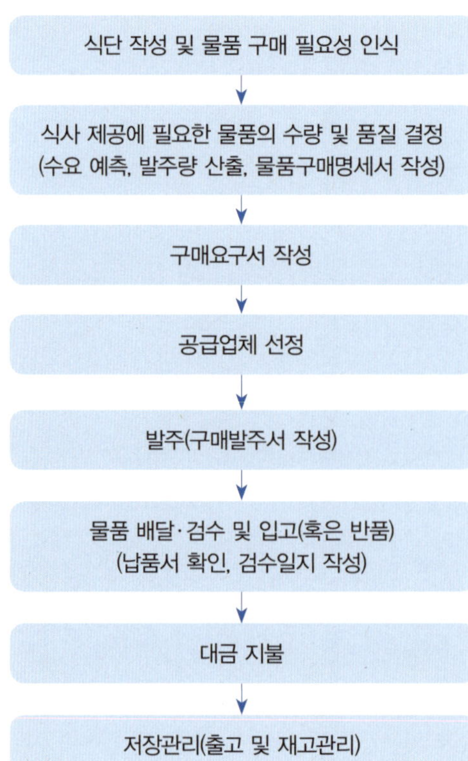

그림 4-1
식품 구매관리 절차

1) 식단 작성 및 물품 구매 필요성 인식

식품 구매와 관련되는 정보를 수집한다. 목측량, 폐기율뿐 아니라 주변 시장에 대한 정보를 수집하여 양질의 식품을 합리적인 가격으로 구매할 수 있다.

2) 식사 제공에 필요한 물품의 수량 및 품질 결정

완성된 식단표를 참고하여 구매해야 하는 식품의 종류, 분량, 품질을 결정하도록 한다. 구입 분량은 식단표의 1인 분량에 예상 식수를 곱하고 폐기율을 고려하여 결정하도록 한다. 식품은 보관 창고나 냉장고 크기 등을 고려하여 구매하도록 한다.

3) 구매요구서 작성

구매요구서는 실제 물품을 사용할 부서에서 작성하여 구매부서에 송부하는 것으로 구매청구서라고도 한다. 구매요구서에는 청구번호, 필요량, 원하는 품목에 관한 설명, 배달 날짜, 예산회계번호, 판매자의 이름과 주소, 가격 등이 기재된다.

4) 공급업체 선정

적합한 거래처의 선정과 거래처와의 우호관계를 확립하여 안정된 거래를 하는 것이 중요하다. 요즘에는 온라인 쇼핑몰이나 홈쇼핑을 이용하여 식품을 구매하는 비율도 증가하고 있는 추세이다. 식품을 판매하는 곳이 식품을 보관 및 판매하기에 적절한 시설을 갖추고 있는지 확인하도록 하며, 특히 생선이나 해산물의 경우에는 식중독 발생 위험이 높으므로 위생적으로 식품을 관리하는지 확인하고 안전한 장소에서 구매하도록 한다.

5) 구매발주서 작성

발주서는 구매표, 주문서, 발주전표라고도 하며 물품 사용부서의 구매요구서에 따라 구매부서에서 작성한다. 발주서를 발행하면 법률상의 계약이 성립되어 구속을 받게 된다.

6) 물품 배달 · 검수 및 입고

검수란 구매요구서에 의해 주문되어 배달된 물품이 구매하려는 해당 식재료와 일치하는가를 검사하고 받아들이는 데 따른 관리활동이다. 배달된 물품의 품질, 수량, 가격 등을 정확하게 검사하고 평가하여 입고나 반품 여부를 결정한다. 품질이 좋지 않은 식품을 구매하게 되면 음식의 질 저하뿐 아니라 식중독 발생 우려가 있으므로 신선한 식품을 구매해야 한다. 우유 및 유제품 등의 가공식품을 구매할 때는 유통기한을 반드시 확인하고 식품의 구입순서를 고려하도록 한다.
식품의 성분이나 품질이 최적의 상태를 유지할 수 있도록 각 식품에 적합한 방법으로 보관해야 하며, 먼저 구매한 것을 먼저 사용(선입선출, first-in first-out)하도록 한다.

7) 저장관리

(1) 검수와 조리업무를 연결하는 역할을 하며 신속하고 올바른 식재료 보관이 필수적이다. 창고의 위치는 검수구역 및 생산구역과 가까운 곳이 좋으며 창고관리 담당자는 물품의 도난 방지를 위하여 잠금장치를 해야 한다.

(2) 저온저장시설로는 냉장, 냉동고가 있는데 냉장고는 5℃, 냉동고는 −18℃로 온도를 유지한다.

(3) 청소는 1주일에 1회 정도 식품 점검과 함께 실시하며 냉장고의 온도계와 문의 고무패킹을 잘 살피고 성에 제거도 정기적으로 점검한다.

(4) 건조 창고 보관 방법

- 건조 창고는 적절한 온도 및 습도를 유지하고 온도계와 습도계를 비치한다.
- 밝기와 통풍상태가 적절해야 하고, 선반은 청소가 용이해야 하며, 금속재질을 이용한 조립식 선반이 좋다.

2 구매관리계획을 위한 도구

1) 식품별 품질 감별법

좋은 품질의 식품을 구매하기 위해서는 식품에 대한 품질 감별능력이 있어야 한다. 각 식품군별 대표 식품의 품질 감별법을 〈표 4-1〉에 제시하였다.

표 4-1 식품별 품질 감별법

식품군	식품	품질 감별 사항
곡류	쌀	• 쌀알이 손상되지 않고 이취가 없는 것 • 낱알이 윤기가 나고 반투명색이며 싸라기나 금이 간 것이 적은 것
육류	쇠고기	• 육색이 밝은 선홍색을 띠고 광택이 좋은 것 • 지방색은 유백색이고 지방의 질이 좋은 것 • 부패한 냄새가 나지 않는 것
	돼지고기	• 육색이 밝은 분홍색을 띠고 광택이 좋은 것 • 육질이 탄력적인 것 • 골절, 오염, 이물질 등이 없는 것
	닭고기	• 날개, 등뼈, 가슴뼈 등이 굽지 않으며 외관에 상처가 없는 것 • 육색이 좋으며 광택이 있고 육질이 탄력적인 것 • 닭 비린내가 심하지 않은 것
어패류	새우	• 색이 붉지 않고 고유의 색깔을 띠는 것 • 육질이 단단하고 이취가 없는 것
	꽃게	• 크기와 모양이 고른 것 • 이취가 나지 않고 고유의 색깔을 띠는 것
	홍합	• 살이 붉은빛을 띠는 것 • 살이 윤기가 있고 통통하며 비린내가 나지 않는 것 • 패각이 부서져 있는 등의 손상이 없는 것

(계속)

식품군	식품	품질 감별 사항
어패류	가자미	• 비늘이 심하게 벗겨지지 않은 것 • 뱃살이 희고 비린내가 심하지 않은 것 • 살이 단단하고 탄력성이 있으며 표면이 끈적거리지 않는 것
	고등어	• 눈동자가 맑고 아가미가 선홍색인 것 • 배가 단단하고 윤택이 있는 것 • 등에 푸른색의 짙은 줄무늬가 있고 비린내가 강하지 않은 것
	꽁치	• 밝은빛을 띠는 것 • 탄력성이 있고 등 쪽은 짙은 청색, 배 쪽은 은백색을 띠는 것
달걀류	달걀	• 껍질이 깨지거나 금가지 않은 것 • 표면이 거칠거칠하며 이취가 없는 것
	메추리알	• 껍질이 깨지거나 금가지 않은 것 • 메추리알 특유의 냄새가 나는 것
채소류	양파(깐 것)	• 단단하고 짓무르거나 썩은 부위가 없는 것 • 껍질 제거가 잘 되어 있어 표면이 깨끗한 것
	당근	• 싹이 나지 않은 것 • 표면이 짓무르지 않은 것 • 크기와 모양이 균일하며 밝은 선홍색을 띠는 것
	감자	• 상처가 없고 싹이 나지 않은 것 • 모양과 크기가 고르며 외피가 적당히 건조되어 물기가 없는 것 • 단단하고 짓무르지 않은 것
	애호박	• 굵힘이 없고 꼭지가 부서지지 않은 것 • 처음과 끝의 굵기가 일정하고 표면이 매끄러운 것 • 육질이 치밀하고 탱탱한 것
	무	• 껍질이 매끈하며 갈라짐이나 깨짐이 없는 것 • 연한 아이보리색과 머리 부분의 연녹색이 선명한 것 • 짓무르지 않고 바람 들지 않은 것
	가지	• 꼭지가 싱싱하고 크기가 균일한 것 • 육질이 치밀하며 탱탱한 것 • 색이 선명하고 광택이 있는 것
버섯류	양송이버섯	• 버섯 갓과 자루 사이의 피막이 떨어지지 않은 것 • 이물질이 묻어 있지 않은 것 • 흰색이며 버섯 특유의 향이 있는 것
	표고버섯	• 크기가 일정한 것 • 고유의 색을 유지하며 변색이 없는 것
과일류	사과	• 과육 표면에 멍이 없는 것 • 모양이 고르며 윤기가 나며 껍질이 쭈글쭈글하지 않은 것 • 껍질의 색깔이 고르고 사과 특유의 향기가 나는 것
	수박	• 모양이 고르고 검은색 줄무늬가 뚜렷한 것 • 꼭지가 마르지 않은 것
	귤	• 크기가 고르며 상처가 없는 것 • 껍질이 주황색을 띠며 맑고 윤기가 있는 것 • 과육이 밀착되어 있고 탄력적인 것

자료 : 식품의약품안전처(2015).

2) 식품 목측량

목측량은 눈으로 중량을 파악하는 것으로 주요 식품별 목측량은 〈표 4-2〉와 같다.

표 4-2
주요 식품별 목측량

식품군	식품명 및 목측량	중량	식품명 및 목측량	중량
곡류	밥 1공기	210g	식빵 1장	50g
	감자 1개	150g	고구마 1개	300g
육류	닭다리 1개	50g	베이컨 1장	18g
어패류	오징어 1마리	360g	새우 1마리	8g
달걀류	달걀 1개	60g	메추리알 1개	12g
콩류	두부 1모	500g	유부 1장	17g
채소류	양파 1개	250g	오이 1개	100g
	당근 1개	100g	무 1개	800g
	대파 1대	90g	가지 1개	130g
버섯류	생표고버섯 1개	30g	팽이버섯 1봉	100g
과일류	사과 1개	300g	포도 1송이	300g
	바나나 1개	150g	귤 1개	100g

자료 : 최지유 외(2013). 조리원리 및 실습. 양서원. p.36(발췌 후 재구성).

3) 폐기율 조사, 발주량 계산

• 폐기율은 식품의 총 중량 대비 버려지는 양으로 구한다.

폐기율(%) = 폐기량 ÷ 총 중량 × 100

• 주요 식재료의 폐기율을 파악해서 발주량 계산 시 참고한다.

발주량= (1인당 순사용량 ÷ 가식률) × 100 × 급식 인원수

• 실제로 식품을 발주할 때에는 수량을 반올림하여 개수나 개략적으로 계산한 양으로 환산하며, 식품의 유통형태, 포장규격, 포장단위를 참고한다.

표 4-3 주요 식품별 폐기율

식품군	식품	폐기율(%)	식품군	식품	폐기율(%)
곡류	쌀, 잡곡	0	채소류	마늘	8
육류	쇠고기, 돼지고기	0		양파	6
	닭고기	39		부추	5
어패류	굴	75		토마토	3
	대게	70		오이, 양상추	2
	새우(중)	65		쑥갓	1
	꽃게	65	버섯류	표고버섯(생)	25(5)
	바지락, 홍합	60		팽이버섯	15
	전복	55		새송이버섯	8
	가자미	50		양송이	5
	고등어	40	과일류	파인애플, 메론	45
	꽁치	30		수박, 바나나	40
	오징어	25		아보카도, 자몽, 살구	30
달걀류	달걀	13		키위, 배, 복숭아, 포도, 사과	15
채소류	브로콜리	50		단감, 체리	10
	셀러리	35		딸기	2
	당근, 무, 우엉, 고추, 가지, 파, 배추, 피망	10			

자료 : 최지유 외(2013). 조리원리 및 실습. 양서원. p.47(발췌 후 재구성).

4) 상용거래단위표

상용거래단위표를 작성하면 각 품목별 · 구매장소별 가격 비교가 가능하여 원가관리에 도움이 될 수 있다.

표 4-4 상용거래단위표의 예

식품명		단위	가격(원)	비고	식품명		단위	가격(원)	비고
곡류군	흰쌀	kg	2,710		채소군	숙주나물	kg	3,333	
	보리	kg	3,410			무	kg	2,810	
	서리태	kg	8,333			당근	kg	2,083	
육류군	쇠고기(우둔)	kg	12,312			아욱	kg	1,510	
	돼지고기(삼겹살)	kg	9,259			상추	kg	6,666	
채소군	시금치	kg	2,610			깻잎	kg	3,210	
	호박	kg	2,510			오이	kg	1,111	
	풋고추	kg	15,656			다진 마늘	kg	5,000	
	양파	kg	3,350			생강	kg	10,000	

(계속)

식품명		단위	가격(원)	비고	식품명		단위	가격(원)	비고
어류, 건어물 및 해조류	임연수	kg	4,167		김치류	갓김치	kg	4,761	
	바지락	kg	6,667		양념류 및 기타	쌈장	kg	10,185	
	조갯살	kg	22,222			된장	kg	2,500	
	홍합살(건)	kg	7,500			꽃소금	kg	910	
	미역(건)	kg	47,222			카레 가루	kg	16,666	
김치류	열무김치	kg	8,300			아이스티 가루	kg	46,010	
	포기김치	kg	6,365			통계피	kg	33,333	

※ 비고란에 구입업체명이나 구입단위 등을 상세히 적어두면 가격 비교에 도움이 된다. 또한 모든 단위는 kg 단위로 통일하여 작성하면 품목별 절대가격 비교가 가능하다.

5) 구매의뢰서

물품을 사용할 부서에서 작성하여 구매부서에 송부하는 것으로 구매청구서라고도 한다. 구매의뢰서에는 청구번호, 필요량, 원하는 품목에 관한 설명, 배달 날짜, 예산회계번호, 판매자의 이름과 주소, 가격 등이 기재된다. 또한 전체적으로 급식소에서 필요한 목록을 적은 서식에 필요품목만을 체크하고 수량만 적게 되어 있는 경우도 있다.

표 4-5
구매의뢰서 양식의 예

구 매 의 뢰 서

결재			

신청일 : 년 월 일　　　　납품일 : 년 월 일

번호	품명	단위	규격	수량	비고	
					예상단가	예상총액

위와 같은 물품이 소요되오니 구매하여 주시기 바랍니다.

구매의뢰자 : 부서 ________ 직위 ________ 성명 ________ ㊞

자료 : 대한영양사회(2000). 급식관리지도서.

6) 물품구매명세서

구입명세서, 물품명세서, 시방서 등으로 불리며 구매하고자 하는 제품의 품질 및 특성을 기술하는 양식이다. 품목별로 간단명료하면서도 구체적으로 작성하되 품질허용범위를 너무 좁게 설정하지 말고 시장에서 통용되는 등급이나 제품명을 사용하여 구매자와 공급자가 상호 수용할 수 있는 범위로 조정해야 한다.

표 4-6
물품구매명세서의 작성요령

구분	꼭 검토해야 할 항목
고려사항	• 급식소의 종류와 운영형태, 급식소 예산, 신용평가, 종업원의 업무 숙련도, 종업원의 수, 급식소의 위치, 보유한 조리기기·기구의 성능과 종류, 보유한 저장공간의 조건
품목별	• 곡류 및 잡곡류, 두류, 육류, 난류 및 가금류, 어류 및 패류, 채소류, 과일류, 가공식품류, 공산품류 등
내용	• 식품명, 품질 특성(중량크기, 형태, 부위, 색상, 숙성 정도 등), 수량, 식품의 규격 및 등급, 포장단위 및 재질, 가격단위, 산지명, 가공 공정 및 저장 방법, 기타(가격, 납품업자와의 주문조건, 배달 절차, 지불조건 및 서류, 물품 반환 시 조건과 절차 등의 계약조건을 명시한다.)
작성자	• 푸드서비스 관리자, 영양사, 주방책임자, 구매담당자 및 회계담당자 등이 팀을 이루어 작성한 다음 공급업자와 작성된 내용을 확인 후 확정
작성 시 유의사항	• 간단명료하게 작성할 것 • 구매자와 공급자 쌍방이 필요한 특성을 쉽게 규명할 수 있을 것 • 비용, 수량, 품질이 허용범위를 넘지 않을 것 • 지시사항이 너무 타이트하지 않을 것 • 시장에서 통용되는 등급이나 제품명을 사용할 것 • 공급자에게 타당하고 구매자를 보호해줄 수 있을 것 • 보완점 : 계절에 따른 식자재의 변화와 새로 출시되는 품목 등 다양한 자료에 대한 지속적인 수정·보완 필요

표 4-7
육류의 품질규격

구분	내용
한우	• 도체등급 판정된 지육으로 육질등급이 3등급 이상의 상품일 것 • 입고 시 육류의 도체등급증명서를 제시할 것 • 냉장육일 것
돈육	• 고기의 색은 연분홍색이며 지방 함량이 없는 부위일 것 • 해동이나 조리 시 수분 유출이나 육즙 분비가 최소일 것 • 겉지방은 제거되고 지방 함량이 최소일 것 • 조리 시 이미·이취가 없으며 육질이 연할 것
수입육	• 겉지방은 완전히 제거되고 지방교잡의 형성은 표준일 것 • 조리 시 이미·이취가 없고 고기 특유의 풍미가 있으며, 육질이 연할 것

표 4-8
육류의 부위별 절단규격

품명	단위	부위규격	절단규격
돼지갈비	kg	–	• 마구리를 제외하고 4~5cm의 절단품(개당 120~150g)
돼지고기	kg	등심 안심 다리 목심	• 가스용 : 0.7cm 두께로 썰은 제품 • 전용 : 0.5m 두께로 썰은 제품 • 불고기 : 0.3m 두께로 썰은 제품 • 장조림 : 지방이 적은 부위로 덩어리육 • 다짐육 : 지방이 적은 부위로 갈은 상태
한우갈비	kg	–	• 마구리를 제외하고 4~5cm의 절단품(개당 120~150g)
한우	kg	안심	• 스테이크용 : 근내 지방이 잘 발달되었고, 0.5cm의 두께로 썰어 연육기로 눌러온 상품
한우	kg	우둔 설도 목심 앞다리	• 가스용 : 0.7cm 두께로 썰은 제품 • 전용 : 0.5m 두께로 썰은 제품 • 불고기 : 0.3m 두께로 썰은 제품 • 저지방 전용 : 근내지방이 전혀 없는 부위일 것 • 장조림 : 지방이 적은 부위로 덩어리육
한우	kg	사태 양지	• 국거리용 : 겉지방이 모두 제거된 덩어리
사골	kg	–	• 이미·이취가 없는 절단품, 조리 시 잘 우러나오는 상품
잡뼈	kg	–	• 이미·이취가 없는 절단품, 조리 시 잘 우러나오는 상품
수입육	kg	호주산	• 부위별 규격 및 절단 규격은 우육(중등육)과 동일함
LA 갈비	kg	미국산	• 3개의 뼈가 있고 겉지방은 완전히 제거할 것, 0.5cm

표 4-9
채소 및 과일류의 품질규격

품명	단위	품질규격
깻잎	kg	• 상품, 잎넓이가 10cm 내외로 신선하고 깨끗한 것 • 잎의 크기가 균일한 것
상추	kg	• 8cm 이내의 조선상추 • 잎의 신선도가 최상이며 뿌리를 제거하고, 흙이나 이물질, 짓눌린 것이 없는 것
양상추	kg	• 통당 400g 내외, 결구가 단단하고 겉잎이 완전히 소제된 것 • 속에 대가 없이 꽉 차 있는 것
양파	kg	• 개당 200g 내외, 껍질을 완전히 제거한 것
우엉채	kg	• 상품으로 두께 0.2cm로 균일하게 채친 것, 물 제외
연근	kg	• 국내산으로 지름 5cm, 두께 0.5cm로 균일한 절단품
호박	kg	• 개당 450g 내외의 조선호박 • 신선하고 씨가 없는 것
귤	kg	• 개당 130g으로 모양과 크기가 균일한 것
사과, 부사	kg	• 개당 250g으로 모양과 식감이 균일하고 외피에 상처가 없는 것
단감	kg	• 개당 200g으로 모양과 크기가 균일하며 떫거나 무르지 않은 것

Class Activity

〈3장 푸드서비스 메뉴관리계획〉의 Class Activity에서 도출된 메뉴계획표를 토대로 하여 계획된 메뉴의 생산(고객 1,500명 기준)에 필요한 식재료의 발주량 산출, 구매의뢰서 작성, 구매 기준의 결정 사항에 대하여 각 질문에 해당하는 예시를 활용하여 논의해 보자.

1 계획된 메뉴에 필요한 고객 1,500명분에 해당하는 실제 식자재 발주량은 어떻게 산출되는가?

• 발주량 산출의 예

발 주 량 산 출 표				
번호	식품명	1인분(g)	폐기율(%)	발주량(kg)
1	백미, 경상미	120	0	180
2	쇠고기(우둔), 국산	12	0	18
3	조기	100	40	250
4	건고사리, 북한산	7	0	10.5
5	달래	28	30	60
6	대파	5	20	9.4
7	깍두기	60	0	90
8	된장	20	0	30
9	참기름	4	0	6
10	식용유	5	0	7.5

2 산출된 발주량을 기준으로 하여 식품을 구매하기 위한 구매의뢰서는 어떻게 작성하는 것이 좋은가?

• 구매의뢰서의 예

구 매 의 뢰 서

신청일 : 년 월 일

번호	식품명	단위	규격	수량	예상 단가	예상 총액
1	백미, 경상미	포	20kg	9	46,000	414,000
2	쇠고기(우둔), 국산	kg		18	16,000	255,000
3	조기	마리	250g	1,000	1,000	1,000,000
4	건고사리, 북한산	kg		10.5	3,500	39,900
5	달래	kg		60	5,000	300,000
6	대파	kg		9.4	400	3,560
7	깍두기	BOX	10kg	9	10,000	90,000

위와 같은 식품이 소요되오니 구매하여 주시기 바랍니다.

구매의뢰자 : 부서 ____________ 직위 ____________ 성명 ____________ ㊞

3 필요한 식품을 구매할 때 어떠한 기준에 준하여 구매할 것인가?

• 물품 구매 명세서의 예

번호	식품명	구매기준
1	백미, 보통	• 알이 잘고 통통하며, 윤이 나고 감촉이 부드러우며 싸라기, 병충해, 황색미가 없는 것
2	쇠고기 우둔, 국산	• 투명감이 있고 붉은 것 • 탄력성이 있고 이취가 없으며 끈끈함이 없는 것
3	조기	• 생선 특유의 냄새를 가지며, 껍질과 비늘이 밀착되어 있고 눈알이 맑은 것 • 아가미는 선홍색, 내장이 나와 있지 않으며 손으로 눌렀을 때 탄력성이 있고 점액물이 없는 것
4	건고사리, 북한산	• 대가 통통하고 연하며 너무 무르지 않고 밝은 갈색을 띠는 것 • 잡티가 섞이지 않은 것
5	달래	• 시들지 않고 싱싱한 것
6	대파	• 줄기가 신선하고 잎이 연하며 꽃대가 나지 않은 것
7	된장	• 안이 노랗고 이상한 냄새가 나지 않는 것

Practical Task

각 그룹에서 맡은 푸드서비스 조직에 대해 〈3장 푸드서비스 메뉴관리계획〉에서 결정된 내용을 기준으로 하여 구매절차에 따른 다음 사항을 결정하고 필요한 서류를 작성하도록 한다(PRACTICAL TASK GUIDE 활용).

1 메뉴계획에 따라 폐기율을 고려한 발주량을 산출한다.

2 산출된 발주량을 기준으로 하여 시장조사를 실시한 후 상용거래단위표를 식품군별로 작성한다.

3 구매의뢰서를 작성한다.

4 식품의 구매기준 등을 고려하여 일주일 동안 사용할 메뉴계획표에 해당되는 품목의 물품구매명세서를 식품군별로 작성한다.

5 구매기준에 따른 검수일지와 반품확인서 작성해 본다.

PRACTICAL TASK GUIDE

◤ 발주량 산출표

번호	식품명	1인분(g)	폐기율(%)	발주량(kg)
1				
2				
3				
4				
5				
6				
7				
8				
9				
10				
…				

상용거래단위표

상 용 거 래 단 위 표							
품목	단위	가격	비고	품목	단위	가격	비고

구매의뢰서

구 매 의 뢰 서 신청일 : 년 월 일						
번호	식품명	단위	규격	수량	예상단가	예상총액
1						
2						
3						
4						
5						
6						
7						

위와 같은 식품이 소요되오니 구매하여 주시기 바랍니다.

구매의뢰자 : 부서 ____________ 직위 ____________ 성명 ____________ ㊞

물품구매명세서

물 품 구 매 명 세 서			
번호	식품명	단위	품질규격
1			
2			
3			
4			
5			
6			
7			
8			
9			
10			

물품구매명세서의 예

분류	단위	절단규격(cm)	품질규격
가자미	kg	• 5×6~7 • 생선접시용 9×3	• 선도상태가 양호한 냉동 절단품일 것(내장 제거)
꽁치	kg	• 4×6~7	• 선도상태가 양호한 냉동 절단품일 것(내장 제거)
굴비	kg	• 길이 16	• 선도상태가 양호할 것(개당 100g) • 꼬리·지느러미·비늘이 제거된 것일 것
냉대구	kg	• 5×6~7	• 선도상태가 양호한 냉동 절단품일 것(내장 제거)
동태	kg	• 5×6~7	• 선도상태가 양호한 냉동 절단품일 것(내장 제거)
방어	kg	• 5×6~7	• 선도상태가 양호한 냉동 절단품일 것(내장 제거)
백조기	kg	• 5×6~7	• 선도상태가 양호한 냉동 절단품일 것(내장 제거)
병어	kg	• 6×7	• 선도상태가 양호한 냉동 절단품일 것(내장 제거)
삼치	kg	• 5×6~7 • 5×12~13 & 할복	• 선도상태가 양호한 냉동 절단품일 것(내장 제거)
전갱이	kg	• 5×6~7	• 선도상태가 양호한 냉동 절단품일 것(내장 제거)
임연수어	kg	• 5×6~7 • 5×12~13 & 할복	• 선도상태가 양호한 냉동 절단품일 것(내장 제거)
수입갈치	kg	• 5×7	• 선도상태가 양호한 냉동 절단품일 것(내장 제거) • 가급적 오만산(産)일 것

검수일지

검 수 일 지

아래와 같이 검수합니다.
검 수 일 자 : 　　　년　　월　　일
검수자(2인) : ________ ㉮
　　　　　　　________ ㉮

결재			

번호	식품명	단위	수량	원산지	포장 상태	식품온도 (℃)	유통기한 (제조일)	품질상태 (O, ×)	업체명	조치 사항

관리기준	• 원산지 : 구매를 요구한 원산지가 맞는지 확인 • 포장상태 : 박스, 냉장·냉동, 진공포장상태, 녹은 흔적 등 검토 • 식품온도 : 냉장식품 및 조리식품, 전처리된 식재료는 10℃ 이하(HACCP 제품 중 신선편의식품 및 훈제연어 5℃ 이하), 당일 사용할 생선 및 육류는 5℃ 이하, 냉동 식품은 냉동상태 유지 • 유통기한 : 항목별로 소비 완료 시점까지 유통기한이 충분한지 확인 • 품질상태 : 각 식품별 검수기준에 의하여 신선도, 이취 등 확인 • 배송차량 : 월 1회 이상 배송차량의 내부 청결상태 확인
검수 방법	냉장·냉동 식품별로 표면에 온도계를 꽂아 온도 측정(또는 표면 온도계 사용)
개선조치	기준 초과 재료 반품 및 교환, 부적합 확인서 발급

자료 : 교육부(2016) 자료 수정.

◤ 반품확인서

자 사 보관용	반 품 확 인 서
	NO. ________________

1. 품목
2. 납품업체명 :
3. 납품일시 :
4. 반품수량 :
5. 반품사유 :

확인자 : ㊞
납품자 : ㊞

-------------------- 절 ---- 취 ---- 선 --------------------

납품업체 통보용	반 품 확 인 서
	NO. ________________

1. 품목
2. 납품업체명 :
3. 납품일시 :
4. 반품수량 :
5. 반품사유 :

확인자 : ㊞
납품자 : ㊞

자료 : 전희정 외(2018). 단체급식관리. 파워북. p.147.

FOOD SERVICE WORKBOOK

5

푸드서비스 생산관리계획

학습목표

- 푸드서비스 생산 관리의 개념과 목표에 대해 학습할 수 있다.
- 생산관리계획을 위한 인력 및 기기에 대한 중요성을 파악할 수 있다.
- 효율적인 생산관리계획을 위해 필요한 조직도, 업무분담표, 직무기술서, 작업계획서, 작업공정표, 작업일정표, 작업과정표의 내용을 파악할 수 있다.

05
푸드서비스 생산관리계획

Lecture

1

생산관리를 위한 계획 수립

1) 생산관리의 정의

생산계획이란 주어진 시간에 음식 생산을 완료하여 배식에 차질이 없도록 하기 위해 시간 활용을 적절히 조절하여 음식의 품질 저하를 방지하고, 보유하고 있는 인적자원과 시설·설비 자원을 효과적으로 사용하여 생산성의 효율을 높일 수 있도록 하기 위한 일련의 관리 과정이다. 즉 단체급식에서의 생산관리는 다량조리관리 과정에 해당하며, 외식에서는 상품(외식메뉴)을 생산하기 위해 주방에서 이루어지는 조리 과정을 의미한다.

2) 생산계획 수립 시 필요 사항

(1) 단계구분

생산계획을 수립하는 과정은 '기획단계'와 '실행단계'로 구분할 수 있다. 생산관리의 기획단계에서는 실제 생산해야 할 음식의 양을 결정하며 이때 모든 생산계획은 표준레시피를 기본으로 한다. 실행단계에서는 각 음식을 조리하기 위한 종사원과 시작시간 및 완료시간을 결정하며, 이때 작업계획서가 중요하게 쓰인다.

(2) 기본지침

가급적 계획된 메뉴에서 벗어나지 않아야 하고, 식품의 신선도와 영양가가 최대한 유지되도록 하며 완성에서 제공까지의 시간을 최소화하고, 고객의 기대에 부합하도록 노력해야 한다. 또한 메뉴 및 표준레시피, 조리종사원의 구성에 따른 작업계획, 보유기기 및 설비, 시간 제약, 수요 예측 등이 반드시 고려되어야 한다.

2

생산계획을 위한 자원

생산과정은 인력과 기기를 효과적으로 활용하여 효율적인 시간관리를 했을 때 잘 진행되었다고 판단할 수 있다. 따라서 생산계획을 위한 자원인 인력과 기기에 대한 효과적인 관리가 중요하다고 할 수 있다.

1) 인력

생산계획에서 가장 중요하게 고려되는 부분 중 하나가 인력이라고 할 수 있다. 조리실에서의 효율화를 위한 표준레시피를 잘 활용하기 위하여 적절한 조리기기 등이 구비되어 있어야 하며, 이것을 잘 다룰 수 있는 조리종사원들의 기술과 숙련도가 요구된다. 따라서 푸드서비스 관리자와 조리종사원은 조리 원리와 방법에 대한 전문적인 기술을 숙지하여 생산되는 음식의 양과 품질을 적절하게 유지하기 위해 노력해야 한다.

2) 기기

다량조리는 한정된 시간 안에 많은 양의 음식을 다루어야 하고 세부 과정이 과중하므로 수작업보다 기기를 이용하면 효율적이다. 그러므로 푸드서비스 관리자는 각 조리기구의 기능과 특징, 처리 용량 등을 파악하고 있어야 한다. 기기는 시설의 면적, 규모, 배식형식, 작업자 수 등을 고려하여 적합한 종류와 크기를 선정한다. 작업군별 활용 가능한 조리기기는 다음과 같다.

표 5-1
작업군별 주요 조리기기

작업 구분	조리기기
반입·검수기기	저울, 통조림따개, 칼, 온도계, 냉장고, 냉동고, 우유보관고, 운반차, 검식용 냉장차
전처리기기	싱크, 조리작업대, 이동대, 구근탈피기, 믹서, 슬라이서, 푸트 커터기, 미트 슬라이서, 세미기, 빵반죽기
가열조리기기	레인지, 그릴, 스팀컨벡션오븐, 튀김기, 증기솥, 국솥, 전자레인지, 회전솥, 취반기, 틸팅프라이팬
배선기기	콜드테이블, 웜테이블, 웜카트, 콜드카트, 온장고, 컨베이어, 배선차, 냉온장배선차
세정소독기	식기 세정기, 식기 소독·보관고, 칼·도마 살균고
기타	정수기

자료 : 전희정 외(2018). 단체급식관리. 파워북. p.271.

3 생산계획을 위한 도구

효율적인 푸드서비스 생산을 위해서는 조리종사원 업무의 효율적인 배분, 책임한계 등을 나타내는 도구인 조직도, 업무분담표, 직무기술서, 작업계획서, 작업공정표, 작업일정표 등을 작성하여 사용한다.

1) 조직도

직책과 기능의 관계를 나타낸 도표로, 업무 진행상 결재 라인이 되므로 중요하다.

그림 5-1
사업체 급식소 조직도의 예

자료 : 대한영양사협회(2007). 급식관리지침서. p.379.

2) 업무분담표

다음은 직책과 기능에 따른 각자의 업무를 명시한 표이다.

표 5-2
조리종사원 업무분담표의 예

직책	업무	
홀담당(12명)	• 식탁 및 양념장 청결 유지 • 밥 푸고 밥솥 닦기 • 행주, 칼 관리 • 채소 다듬기 및 세척, 썰기	• 김치통에 김치 담기 • 국 배식 • 자율배식대, 퇴식구 청결 유지
조리보조(3명)	• 수저 열탕소독 • 보리차 끓이기 • 자율배식 준비 • 잔반발효기 청소 • 발효기용 음식물 쓰레기 무게 측정	• 밥 짓기 • 국 준비 • 조리장 바닥 청소 • 잔반통 수거 기록 • 식품 썰기, 다듬기, 세척
조리원(7명)	• 세척된 식기 정리 • 수저 세척 • 채소 및 생선, 고기 손질 및 썰기 • 무침	• 밥 푸고 밥솥 닦기 • 다과 준비 • 튀김 및 부침
조리사(1명)	• 식품 검수 • 식품 양 나누기 • 위생점검일지 작성 • 배식 시 잔반검사 • 다과 준비	• 조리지시서에 의한 지시 및 감독 • 조리 지도 • 청소 지시 및 감독 • 잔반발효기 관리
조리실장(1명)	• 조리사의 업무분담과 동일 • 사내 행사음식의 총괄적 관리 • 팀워크 조성	• 가스점검일지 기록 • 조리장 내 사내규칙 준수 감독 • 특근 시 근무인원 선정

자료 : 모토로라코리아.

3) 직무기술서

특정 직책에 요구되는 기술과 책임을 나타낸 것으로 책임한계를 분명히 한다.

표 5-3
직무기술서의 예
(병원 일반식 영양사)

직무명	일반식 영양사
직무 개요	환자식·일반식 식단 작성 및 식품재료 주문, 부식 검수, 조리지도 및 배식 점검, 환자 방문, 영양가 분석, 소관업무 장부 정리 및 통계
직무수행요건	1. 책임 : 환자일반식 영양관리 및 작업·위생관리 2. 직무지식 : 영양학 및 단체급식관리의 기본지식과 식품재료 규격 및 검사법 3. 정확도 : 식단계획 시 식품재료 분량 결정과 통계 처리에 정확성을 기해야 함 4. 감독 : 영양과장의 감독하에 있음
자격요건	영양학을 전공하여 영양사 면허증을 소지한 자로 병원이나 단체급식소에서 3개월 이상 현장실습을 한 경험자가 바람직함

자료 : 고대대학교 구로병원 영양과.

표 5-4
외식업체 직무기술서의 예
(점장 및 수 셰프)

• 점장

직무명	점장
직무 개요	메뉴계획, 식자재 관리, 서비스 관리, 직원 관리 등 전반적인 업장 운영에 대한 사항을 파악하고 관리한다.
직무수행요건	1. 작업에 대한 표준 설정 및 유지, 관리한다. 2. 고객에게 메뉴에 대해 충분히 설명할 수 있도록 조리기술과 메뉴에 대한 정보를 어느 정도 습득한다. 3. 책임감을 가지고 직원들의 채용과 교육 훈련, 직원 감독을 담당한다. 4. 서비스 직원과 주방 직원 상호 간의 의사소통이 원활하도록 조율한다. 5. 직원의 근무 스케줄을 계획하고 조정한다. 6. 직원에게 업무에 관한 사항을 정확하게 전달한다. 7. 경영자에게 업무 관련 보고를 정확하게 한다.

• 수 셰프

직무명	수 셰프(Sous chef)
직무 개요	주방 운영에 있어서 리드 셰프를 보좌하는 관리자로서 주방 스태프들이 양질의 메뉴를 생산할 수 있도록 관리와 조정의 역할을 담당한다. 주방 운영에 차질이 없도록 조리, 플레이팅, 식자재를 확인하고 책임지는 역할을 하므로 조리 및 관리 기술을 갖추어야 한다.
직무수행요건	1. 신속한 서비스를 위하여 주방 스태프의 스케줄을 계획한다. 2. 조리준비, 플레이팅 등 주방업무를 담당하는 주방 스태프의 훈련을 담당한다. 3. 모든 스태프가 조리 기준을 준수할 수 있도록 관리한다. 4. 고객의 요구사항을 수용한다. 5. 계절 특징과 고객의 요구에 맞는 신메뉴를 디자인한다. 6. 식자재 재고관리를 위한 장부를 작성한다 7. 각 스테이션 스태프의 교차훈련을 진행한다. 8. 리드 셰프와 함께 메뉴가격을 결정한다. 9. 새로운 조리기법이나 메뉴에 대한 개발을 위해 지속적으로 탐구한다.
자격요건	1. 100석 이상 규모의 레스토랑 주방에서 5년 이상 근무한 경험자 2. 대학 졸업 또는 요리학교 졸업자 3. 신체조건 : 기본 건강진단에 적합한 조건

4) 작업계획서

작업일정을 나타낸 표로서 생산될 메뉴와 총 배식량, 필요한 배치(batch) 크기 및 개수, 작업책임자, 준비시간, 필요기구 등을 내용으로 한다. 작업계획서는 급식생산에 대한 급식관리자와 조리종사원 간의 의사소통 방법이 되고 생산작업을 효과적으로 수행하는 데 유용하게 쓰인다. 작업에 대한 세부일정은 작업공정표(gantt chart)에 표시한다.

표 5-5
작업계획서의 예

작 업 계 획 서

_____ 년 _____ 월 _____ 일

각 메뉴의 준비량 : 300인분
서빙시각 : 11시 30분

메뉴	총 생산량	필요한 batch* 크기 및 개수	1인 분량	작업책임자		준비시간		필요 기기
				지위	이름	총 필요시간	시작시간	
흰쌀밥	63kg	3개/100인분 (21kg)	210g	조리 보조		2시간	9 : 20	스팀다단식 취사기
쇠고기 뭇국	75kg	–	250g	조리원		1시간 40분	9 : 40	가스회전식 국솥
버섯 볶음	21kg	3개/100인분 (7kg)	70g	조리원		1시간 20분	10 : 00	가스회전식 국솥
두부알찜	45kg	3개/100인분 (15kg)	150g	조리장		2시간	9 : 20	스팀다단식 취사기

자료 : 전희정 외(2018). 단체급식관리. 파워북.

* 배치쿠킹(batch cooking) : 필요에 따라 생산되어야 할 메뉴를 적당한 분량으로 나누어 준비해 두었다가 필요한 만큼씩만 조리하는 형태를 말하는 것이다(예를 들어 500인분이 필요한 메뉴는 50인분씩 10개 배치로 나누어 준비함). 배치쿠킹을 이용하면 한번에 많은 분량을 조리하여 발생할 수 있는 품질 저하를 방지하고 양질의 음식을 고객에게 일관되게 제공할 수 있다. 최근 외식업체에서는 배치쿠킹을 밀 프렙(meal prep) 개념으로 사용하여 사전 조리나 손질이 가능한 메뉴를 미리 준비하여 적절하게 냉장 또는 냉동 저장해 놓았다가 서빙 시 빠른 가열과 준비를 통해 효율적으로 고객에게 제공하는 조리 형태를 의미하기도 한다.

5) 작업공정표

작업진도 도표로 작업계획과 실제의 작업량을 작업 일정이나 시간으로 견주어 평행선으로 표시하여, 계획과 통제 기능을 동시에 수행할 수 있도록 설계된 막대도표를 말한다.

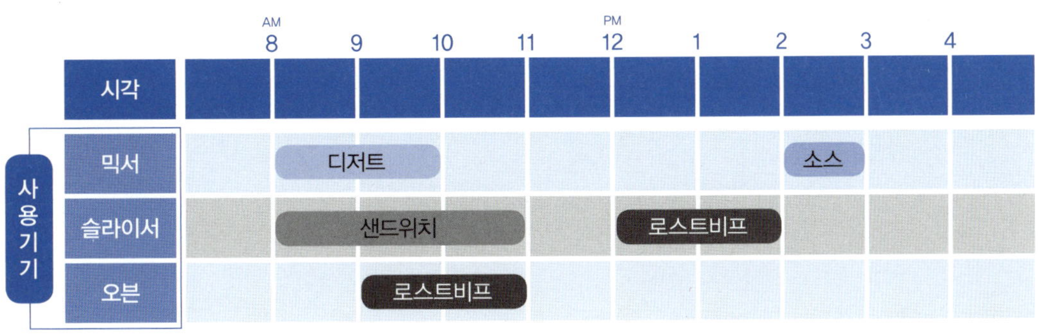

그림 5-2
작업공정표를 이용한 기기 활용계획

6) 작업일정표

명시한 절차와 시간에 맞게 개인 업무를 수행하기 위한 작업개요로 관리자와 조리종사원 간의 의사소통 수단이다.

표 5-6
취반담당자의 작업일정표 예(병원)

시간	오전(5 : 30~13 : 30)	오후(11 : 40~19 : 40)
AM 5 : 30 6 : 00	–	–
7 : 00 8 : 00	아침밥, 죽 만들기, 당뇨밥 담아놓기, 미음 앉히기	
8 : 30	아침 배선 및 배식	
9 : 00	휴식	
9 : 30	점심 쌀 출고 및 쌀 씻기, 점심 취반 준비	
9 : 50	미음 거르기	
11 : 00 11 : 40	취반기 가동(1차, 2차)	취반기 가동(3차)
PM 12 : 00	취반구역 정리	저녁, 익일 아침 쌀 출고 및 씻기
12 : 15	점심 배선 및 배식	
13 : 00	뒷정리	
13 : 30 14 : 00 15 : 00	–	저녁, 익일 아침 취반 준비 (3~4시 pm, 야식 도시락 반찬 담기 보조)
16 : 00 17 : 00		취반기 가동
17 : 30 18 : 00		저녁 배선 및 배식
19 : 00 19 : 30		밥솥 닦기 및 뒷정리

자료 : 대한영양사협회(2007). 급식관리지침서.

Class Activity

1 다음 급식소의 정보를 참고하여 작업계획서를 작성하고 작업공정표를 개발해 보자(PRACTICAL TASK GUIDE 활용).

(1) 일반사항
- 급식인원 : 300식
- 업종 : 사업체 급식소(사무직)
- 급식횟수 : 1회(중식)
- 인력현황 : 조리장(조리기술 : 상), 조리원(조리기술 : 중) 2명, 조리보조(조리기술 : 하) 1명, 조리장과 조리원은 정식직원으로 8시간 근무, 조리보조는 4시간 근무

(2) 메뉴 구성
- 오늘의 메뉴 : 흰쌀밥, 부대찌개, 달걀말이, 콩자반, 포기김치, 귤
- 조리가 필요한 메뉴 : 흰쌀밥, 부대찌개, 달걀말이, 콩자반

(3) 보유기기 및 시설

식기세척기, 잔반처리기, 소독용 수저통, 싱크대, 냉장·냉동고, 육류분쇄기, 야채절단기, 작업대, 전자동 가스 연속 취반기, 가스 회전식 국솥, 가스부침기, 만능조리기

2 다음 소규모 외식업체에서 점심에 판매할 샌드위치와 함께 서빙하고자 치킨수프 30인분을 준비하려고 한다. 다음과 같은 레시피를 이용하여 조리원(조리기술 : 중)에게 조리를 맡기고자 할 때 메뉴를 생산하기 위한 조리작업 공정표를 완성해보도록 하자(PRACTICAL TASK GUIDE : 메뉴 생산용 조리 작업공정표를 활용하여 공정이 작성되어 있지 않은 재료들의 조리공정을 추가하여 작업계획을 완성한다).

음식명 : 치킨수프
총 조리 시간 : 2시간
총 생산량 : 30인분
필요기기 및 기구 : 수프용 포트(pot)
1인 분량 : 1C(240mL)
서빙기구 : 국자
쿠킹 스테이션(cooking station) : 핫 스테이션(hot station)

(계속)

필요재료 및 분량		만드는 방법
당근(대)	5개	당근은 크게 다진다(chop). → 치킨스톡에 넣는다(add to pot).
감자(대)	5개	감자는 크게 다진다(chop). → 치킨스톡에 넣는다(add to pot).
셀러리	10줄기	셀러리는 작은 주사위 모양으로 썬다(dice). → 치킨스톡에 넣는다(add to pot).
치킨스톡	8L	30분 정도 끓이고(boil) 준비된 재료들을 넣으면서 조금 낮은 온도에서 1시간 반 정도 끓인다(simmer).
닭가슴살(큐브)	3kg	프라이팬에 기름을 두르고 연한 갈색이 될 때까지 볶는다(brown). → 치킨스톡에 넣는다(add to pot).
건조파스타(푸실리)	5C	파스타를 삶는다(boil). → 치킨스톡에 넣는다(add to pot).
월계수 잎	5장	치킨스톡에 넣는다(add to pot).
마늘(다진 것)	1/2C	치킨스톡에 넣는다(add to pot).
파슬리	1T	파슬리는 다져놓는다(chop). → 치킨스톡에 넣는다(add to pot).
소금 & 후추	–	간을 할 때 사용한다(add to taste).
[전처리 필요 재료] 당근, 감자, 셀러리, 파스타, 셀러리		**[준비된 재료를 치킨스톡에 넣는 순서]** 당근, 감자, 치킨 → 월계수 잎 → 셀러리, 파스타, 마늘 다진 것 → 파슬리, 소금 & 후추

Practical Task

각 그룹은 생산계획과 작업공정표 작성에 필요한 사항을 토의하여 생산계획을 세우고 작업공정표를 만들어 보자(PRACTICAL TASK GUIDE 활용).

1 3장에서 작성한 1주일 식단 중 하루를 선택하여 이날의 생산을 위한 인력과 기기 이용에 따른 작업일정계획서를 작성한다(외식업체의 경우, 메뉴판을 보고 생산을 위한 인력과 기기 이용에 따른 작업일정계획서를 작성한다).

2 1의 작업일정계획에 따라 인력과 기기를 구분하여 작업공정표를 작성한다.

PRACTICAL TASK GUIDE

작업계획서

작 업 계 획 서								
메뉴	총 생산량	필요한 batch 크기 및 개수	1인 분량	작업 책임자		준비시간		필요 기기
				지위	이름	총 필요시간	시작시간	

종사원용 작업공정표

작업공정표 I (급식종사원)																		
시간 / 종사원																		
조리장																		
조리원 I																		
조리원 II																		
조리보조																		

사용기기용 작업공정표

작업공정표 II (사용기기)																		
시간 / 사용기기																		

▼ 메뉴 생산용 조리 작업공정표의 예(치킨수프)

치킨수프 재료 및 작업공정계획

Time (hr : min)	0:00	0:10	0:20	0:30	0:40	0:50	1:00	1:10	1:20	1:30	1:40	1:50	2:00
당근	다지기												
감자													
샐러리													
치킨스톡	끓이기												
닭가슴살													
파스타								끓는 물에 넣어 삶기			수프에 넣기		
물 (파스타 삶는 용)				끓이기									
마늘													
월계수 잎													
파슬리													수프에 넣기
소금 & 후추													

FOOD SERVICE WORKBOOK

6

푸드서비스 조리공간 및 기기 · 설비계획

학습목표

- 기존 급식소 및 외식업소 조리공간의 기기 · 설비의 생산, 분배, 서비스 제공에 관한 효과 및 효율성을 평가할 수 있다.
- 급식 · 외식 서비스에 알맞은 생산, 분배, 양질의 서비스를 제공하기 위한 기기와 설비를 결정하고 계획할 수 있다.
- 급식업소 및 외식업소 조리공간의 기기 종류 및 용도를 습득하고 활용할 수 있다.

06
푸드서비스 조리공간 및 기기·설비계획

Lecture

1

조리공간 및 기기 · 설비계획

1) 조리공간 및 기기 · 설비계획의 정의

조리공간 및 기기·설비계획이란 급식을 효과적으로 실시하고 '식재료의 반입 → 조리 → 식사 제공 → 식기 세척'까지 일련의 작업이 능률적이며 위생적으로 안전하게 행해질 수 있도록 관리하며, 작업능력의 최대화와 공간의 최소화를 계획하는 것이다. 작업장 내 시설·설비를 효율적으로 계획하게 되면 식재료와 작업의 전체적인 흐름이 원활해지고 작업자의 동선이 줄게 되어 시간, 노동력, 식재료 등의 낭비를 최소화할 수 있다. 바람직한 조리공간 및 기기·설비계획은 최대의 작업능력을 최소의 공간에 계획하는 것이며 HACCP 실시가 가능한 조리공간 및 기기·설비 기준을 계획 단계부터 구체화하여야 한다.

기기류의 구입 시에는 여러 가지 기능을 가진 다기능 조리기기와 효율성을 구비한 기기류의 구입이 우선시되어야 한다. 푸드서비스 조직 운영의 효과를 극대화하기 위해서는 관리자가 시설·설비의 기본과 원리를 이해하고 급식소 및 외식업소의 설계 단계부터 혹은 개보수 단계에서 적극적으로 참여해야 한다. 또한 조리공간 및 기기·설비계획은 복잡한 순서로 이루어지며 또한 많은 전문 인력을 필요로 한다. 예를 들면 기계전문가(mechanical engineer), 푸드서비스 전문가(foodservice consultant), 전기 기술자(electrical engineer) 등이 필요하며, 급식소 및 외식업소에서 직접 조리를 담당하고 있는 사람들의 조언도 도움이 된다.

2) 조리공간 및 기기·설비계획 시 고려사항

급식소 및 외식업소에서의 시설(facilities)이란 작업공간(space)과 여기에 설치된 기기(equipment)를 합한 것이며, 설비(utilities)란 급·배수, 열원, 조명, 환기, 냉·난방 등을 통틀어 일컫는다. 이와 같은 시설·설비 관리를 위해서는 단순히 기기나 공간의 배열(layout)만이 아닌 설계(design) 단계에서부터 위생, 안전성, 능률, 경제성이 확보될 수 있도록 계획되어야 한다. 급식 및 외식업소의 시설·설비는 빠르게 진화하고 있어 인력에 의존하던 조리 방법에서 벗어나 기계를 이용한 자동화가 급속도로 이루어지고 있으며, 더불어 에너지 절감형 기기의 보급도 확산되고 있다. 따라서 새로운 푸드서비스 업체의 신설이나 증·개축 시에는 푸드서비스 분야의 환경 변화에 따른 다양한 요구를 파악하여 기기·설비를 계획하여야 하며 다음과 같은 사항들을 면밀히 검토해야 한다.

- 고객 유형 : 학교, 병원, 사업체, 호텔, 카페테리아 등으로 구분하여 필요면적 산출
- 고객대상 : 이용 고객 수, 성별, 고객의 동선 등에 따라 기기의 종류 및 용량 결정
- 기기·설비 예산 규모 : 전반적인 시설 형태 및 운영방침 결정
- 제공 메뉴 : 단일·복수 메뉴, 메뉴 품목, 가격대에 따라 조리장의 공간구획, 식당 좌석 배치 변동
- 식재료 형태 : 재료 반입에서 처리, 제공에 이르는 작업동선과 기기 배치
- 배식 형태 : 자율배식·대면배식, 테이블서비스·셀프서비스 등에 따라 식당의 면적 및 배치 결정
- 좌석수와 좌석 회전율 : 식당 면적 및 전체 소요 공간 산출
- 설비 조건 : 급·배수, 열원(가스, 전기, 스팀), 냉·난방, 환기 등 설비의 효율적 계획
- 관련 법규 : 소방, 급수, 하수, 쓰레기 처리 등 각종 법규 및 규제 충족
- 종업원 : 연령대, 근무시간, 노동조건 등에 맞는 작업공간 확보
- 복리시설 : 사무실, 탈의실, 화장실, 샤워실 및 기타 부대시설 확보

2 조리공간 디자인

1) 정의

조리공간 디자인(레이아웃)이란 일정한 공간에 작업의 흐름에 따라 기기류를 배치하는 것으로, 도면을 이용하면 알기 쉽게 표현된다. 조리공간은 작업의 능률, 안전성, 위생적 조건 등을 고려하여 공간을 효과적으로 사용하는 것이 중요하므로 작업동선에 따라 기기를 배치하고 적절한 작업공간을 확보한 후 건물의 구조와 내장, 설비의 관계를 점검하도록 한다.

2) 조리공간의 디자인계획

조리공간의 설계는 다양한 조건들을 고려하여 정해진 면적 안에서 작업동선에 따라 기기류를 배치하여 합리적이고 능률적인 작업이 될 수 있도록 하여야 한다. 조리공간 설계의 진행 단계 및 고려사항은 다음과 같다.

- 조리공간 위치 선정 : 환경 측면에서는 채광, 통풍, 자연환경이 위생적이고 공해, 소음, 악취 등의 유해환경으로부터 배제된 곳이여야 하며, 건축구조 측면에서는 식당과 조리공간 동선의 분리, 식재 반출 및 반입의 편리 등을 고려해야 한다.
- 조리기기 선정 : 입고, 저장, 전처리, 조리, 배식, 세척 등 각 구역별 필요 기기를 선정하여야 한다.
- 작업자 동선 고려 : 역동선이나 반복동선을 배제하여 이동 거리를 최소화한다.
- 조리공간 면적 산출 : 저장공간, 작업공간, 기기 설치공간, 물품 운송 및 작업자 이동공간, 배식과 퇴식공간 등을 고려하여야 한다.
- 조리공간 형태 결정 : 조리장의 형태는 설계상 가로와 세로의 비가 3 : 2 또는 2 : 1이 유리하며, 일반작업구역과 청결작업구역을 구분한다.
- 검수공간 : 검수공간의 면적은 푸드서비스 시설의 규모, 식재료 배달의 횟수와 형태, 한번에 배달되는 양에 따라 달라지는데, 식재료를 신속하고 용이하게 취급할 수 있도록 설계한다.
- 저장공간 : 저장창고의 위치는 검수구역과 조리구역 사이에 위치하는 것이 이상적이며, 계획을 세울 때는 건물의 같은 층에 검수 장소, 창고, 주방이 존재하는 것이 바람직하다.
- 전처리 및 조리공간 : 전처리 공간은 식품의 주 조리에 앞서 1차적으로 처리하는 공간이므로 저장공간 및 주 조리공간과 가까운 곳에 위치하는 것이 좋다.
- 배식공간 : 배식공간은 배선공간과 식당으로 구분할 수 있는데, 배선공간은 조리된 음식을 그릇이나 식판에 담는 곳으로 조리공간과 식당 사이에 위치시키는 것이 바람직하다.
- 식기반납 및 세척공간 : 식기반납 코너는 퇴식용 랙(rack)이나 식기 회수 컨베이어 벨트를 사용한다.
- 장래의 변화 고려 : 장래의 고객 수 변화나 확장 가능성을 고려한다.
- 기타 공간 : 사무실과 탈의실, 수세시설, 조리원 전용 화장실 등의 후생시설이 포함된다.

3) 면적

면적 산출은 푸드서비스의 목적, 메뉴 제공 횟수, 운영시간, 공급형태, 바닥형태, 천장높이, 종업원의 수, 작업시스템, 조명, 환기 등에 따라 달라지므로 이들의 요소를 고려해야 한다. 일반적인 주방면적의 산출 방법은 바닥을 차지하는 기기의 표면적과 조리를 하기 위해 필요한 작업영역으로 대별되며 이의 합계가 필요한 면적이다. 주방의 형태는 장방향이 권장되며 가로와 세로의 비는 1 : 1.5~2 정도가 효율적이다.

기기 표면적 계산 (바닥차지 기기 표면적 합계)	+	작업 공간 면적 (조리를 하기 위해 필요한 작업영역)

- 대규모 시설 : 기기바닥 점유 면적의 3~4배
- 소규모 시설 : 기기바닥 점유 면적의 2~2.5배
- 식당면적 : 메뉴 제공 형태, 고객 수, 좌석회전율 등에 의해 결정되고, 고객 1인당 1.0m^{2}를 기초로 하며, 식기 회수로 인한 잔반 처리 공간, 식기 회수 운반차를 필요로 할 경우 이를 위한 최소공간을 더한다.

4) 단체급식의 조리공간 레이아웃

〈그림 6-1〉에서 알 수 있듯이 급식시설 및 식당의 출입구는 학생 및 교직원·식자재·급식종사자용으로 완전 분리되어 있으며, 3가지 주요 동선원별로 입구와 출구가 있어서 총 6개의 출입구로 구성되어 있음을 알 수 있다. 아울러 급식종사자 이용 영역은 식자재 이동통로와 분리되어 있어서 근본적으로 교차오염이 발생할 수 없으며, 특히 조리실의 경우 입구와 출구가 분리되어 있을 뿐만 아니라 입구 역시 세척과 소독 기능을 갖춘 전신을 통해서만 들어갈 수 있도록 되어 있다.

식자재 역시 조리실의 경우 양문형 입구를 통하여 전처리된 냉장 식자재와 실온 식자재가 반입되도록 되어 있으며 조리가 완료된 메뉴는 배식공간으로 양문형 보냉고와 양문형 보온고를 통하여 반출되므로 조리원 동선과 다른 경로로 이동되도록 되어 있다. 따라서 기존의 급식시설에서 문제시되고 있는 통과 동선이 조리실에서 발생하지 않음을 알 수 있다.

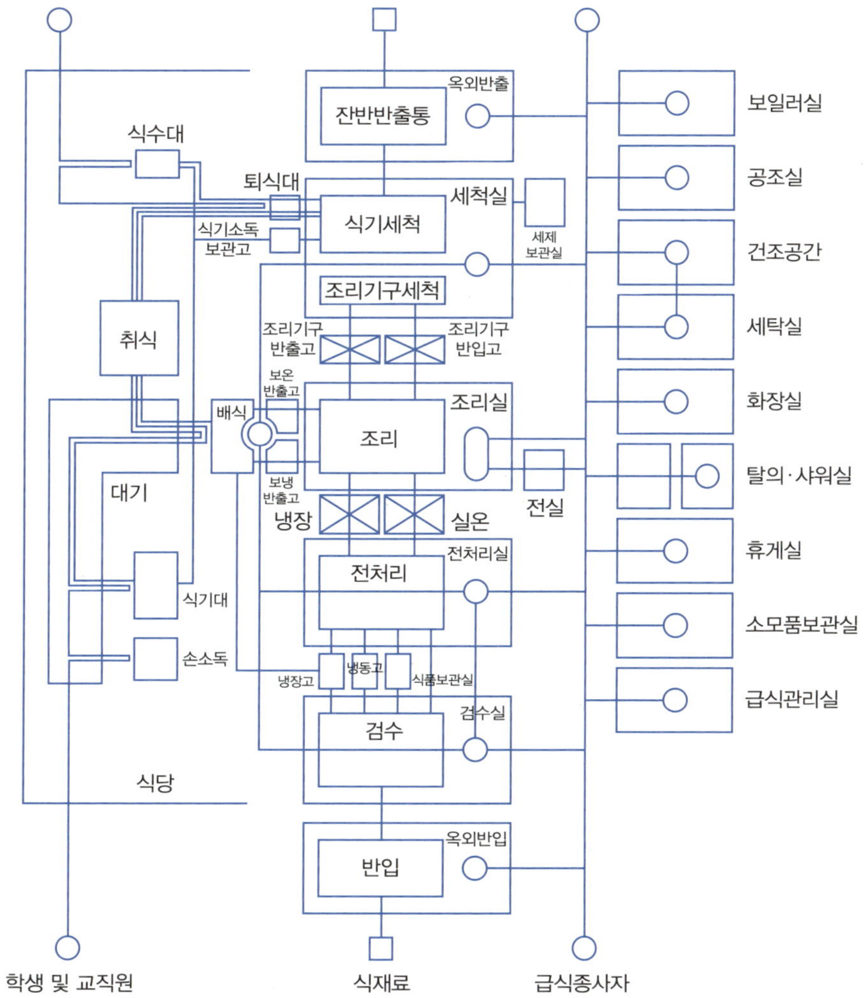

자료 : 김정숙 외(2014). 단체급식관리. 지구문화사. p.207.

그림 6-1
학교 급식의 기능도

5) 외식의 조리공간 레이아웃

주방공간 설계는 업소의 운영에 매우 중요한 부분으로 일반적인 주방의 기능뿐만 아니라 업소만의 특별한 분위기 창출을 위해서도 그 의미가 크다. 정해진 조건 아래에서 식자재 반입부터 음식물의 생산, 고객으로의 서비스까지 모든 과정을 고려하여 음식의 질과 조리의 효율성을 증대시키고, 경제적인 주방이어야 한다. 또한 주방은 시간 내에 식사를 요구하는 모든 사람이 식사를 제공받을 수 있을 만큼 효율적인 레이아웃과 동선이 계획되어야 한다. 종사원과 고객이 보다 편안한 서비스를 주고 받는 공간이 되어야 하며 레스토랑, 커피숍, 패스트푸드점, 카페테리아 등 이용고객에 따라 기존 메뉴나 향후 개발 메뉴의 가능성을 가지고 준비한다.

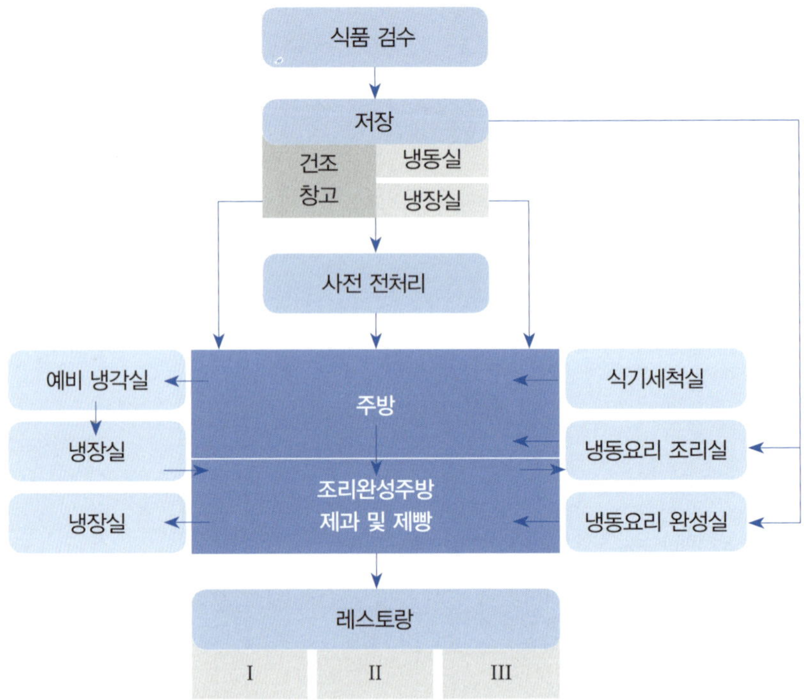

그림 6-2
일반적인 외식업소 주방 배치

자료 : 최수근 외(2010). 오너셰프를 위한 레스토랑 창업론. 교문사. p.142.

6) 조리공간의 설비

조리공간의 설비는 급·배수, 환기, 열원, 조명, 냉·난방 등 조리공간에 가장 기본이 되는 원동력을 말한다.

(1) 급수·배수설비

- 급수설비 : 식용에 적합한 물을 적절한 압력으로 필요한 만큼 공급하는 시설이다.
- 배수설비 : 사용한 물을 배수구를 통하여 하수구로 버리는 시설로, 배수와 바닥의 청결 유지를 목적으로 설치된다.

(2) 환기설비

조리공간에서 발생하는 음식 냄새, 증기, 연기, 연소가스 등은 작업능률 저하와 식욕감퇴의 원인이 되므로 이를 제거하고 실외 공기를 공급받아 쾌적한 작업환경을 조성하기 위해서는 반드시 환기설비가 필요하다.

(3) 열원설비

조리공간에서 사용하는 열원으로는 액화석유가스(LPG), 액화천연가스(LNG) 등의 가스, 전기, 석유 등이 있으며 사용목적, 안전성, 경제성 등을 고려하여 열원을 선택하여야 한다.

(4) 조명설비

조리공간에서는 다양한 작업활동이 이루어지므로 작업에 지장을 주지 않도록 적절한 조도와 조명 방법을 통해 각 활동에 적합한 밝기를 유지하여야 한다.

표 6-1
작업영역별 조도

작업영역	조도(Lux)
검수공간(검수대)	540 이상
전처리 구역	220 이상
조리실	220 이상
기타	110 이상

(5) 냉·난방설비

조리공간에서는 작업이 능률적으로 이루어질 수 있도록 모든 작업공간의 온도, 습도, 공기의 흐름을 조절하기 위한 냉·난방설비를 갖추어야 한다.

(6) 바닥, 벽, 천장, 창문

- 바닥 : 바닥은 미끄러지지 않고 쉽게 균열이 가지 않으며, 물청소를 할 수 있는 내수재를 사용하고, 기름이나 음식의 오물 등이 스며들지 않아야 한다.
- 벽 : 벽은 오염 여부를 식별하기 쉽도록 밝은 색조를 사용하는 것이 좋고, 수분이 침투되지 않고 청소하기 쉬우며 이물이나 먼지 등이 쌓이지 않도록 표면이 고르고 매끄러우며, 마모나 부식에 저항성이 있어야 한다.
- 천장 : 작업장 내 천장의 위치는 바닥에서부터 높이 3m 이상이 되어야 하며, 틈이 없고 평활하여 청소하기 쉬운 구조로 하고, 가능한 한 밝은 색으로 도장하여 오염 여부를 쉽게 식별할 수 있도록 한다.
- 창문 : 직사광선을 막을 수 있도록 설계되어야 하고, 공기조화설비를 갖춘 조리실은 창문을 밀폐할 수 있는 고정식으로 하며, 개폐식 창문일 경우에는 해충의 침입을 막을 수 있도록 방충망의 접합 부위는 밀봉 처리를 한다.

3 조리기기의 선택

많은 고객에게 음식을 제공하는 푸드서비스 조직은 조리시간과 조리종사원 수의 제약하에 정해진 시간 내에 목적을 달성하기 위해서 생산 효율이 높은 기기를 사용하는 것이 바람직하며, 관리자는 기기를 구입할 때 목표를 명확히 하고 선정 기준에 따라 계획을 세워 구입해야 한다. 특히 에너지를 많이 소비해야 하는 기기를 선정할 때에는 다양하고 구체적인 기기명세서를 확보하여 비교·검토한 후 에너지 절약형 기기를 선택한다. 기기 선택 시에는 다음 사항을 유의한다.

- 취급하기 간단하고 안전할 것
- 작업 정의가 확실할 것
- 유지비 등의 제경비가 적을 것
- 기계점유면적을 고려할 것
- 수리하기 간단할 것
- 신용 있는 상표일 것
- 애프터서비스가 쉬운 회사의 기기일 것

Class Activity

제시된 푸드서비스 조직의 도면을 살펴보고 조리공간 및 기기·설비계획의 장단점과 보완해야 할 부분에 대해 토론해 보자.

|사례 A| 학교 급식소 조리공간 레이아웃

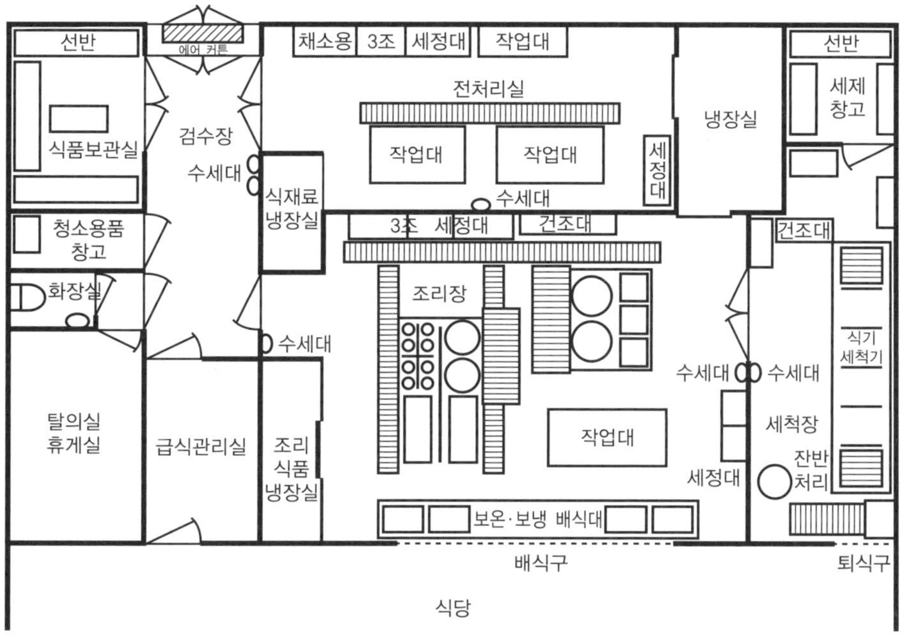

자료 : 교육부(2003).

|사례 B| 한국 음식점 조리공간 레이아웃–평면도

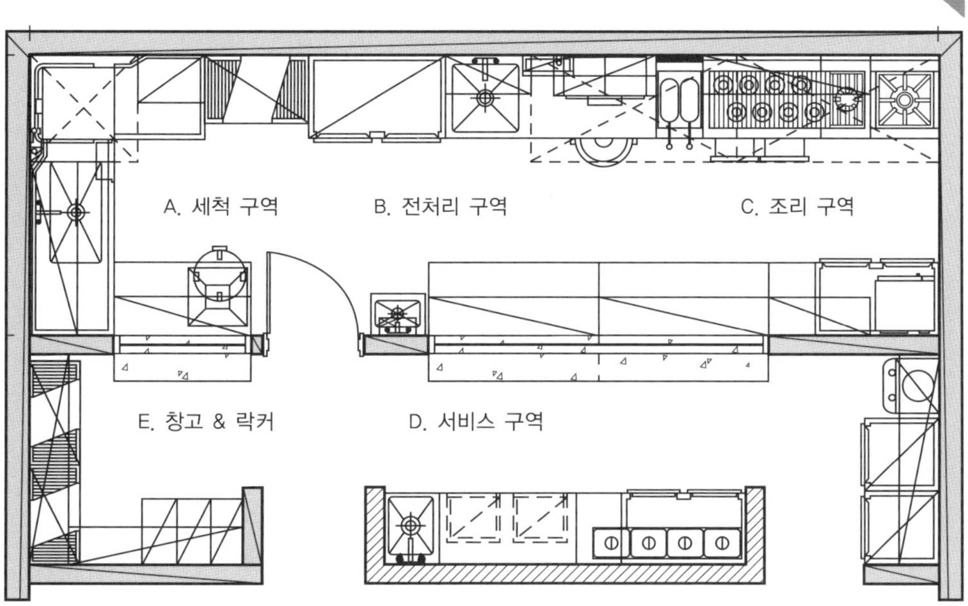

(계속)

• 서비스 구역(주방 안쪽)-입면도

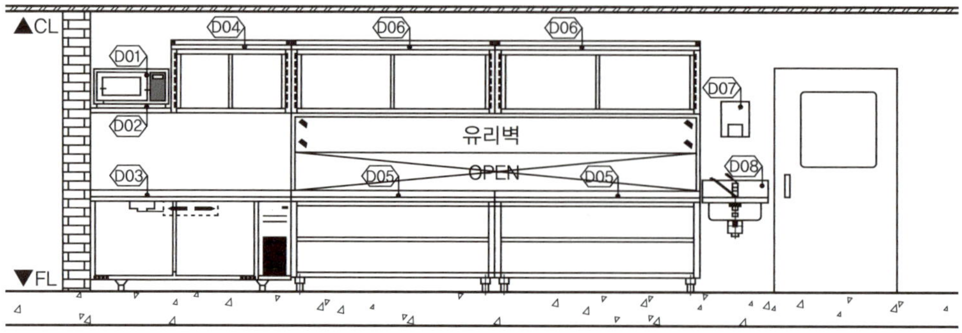

• 전처리 구역 & 조리 구역-입면도

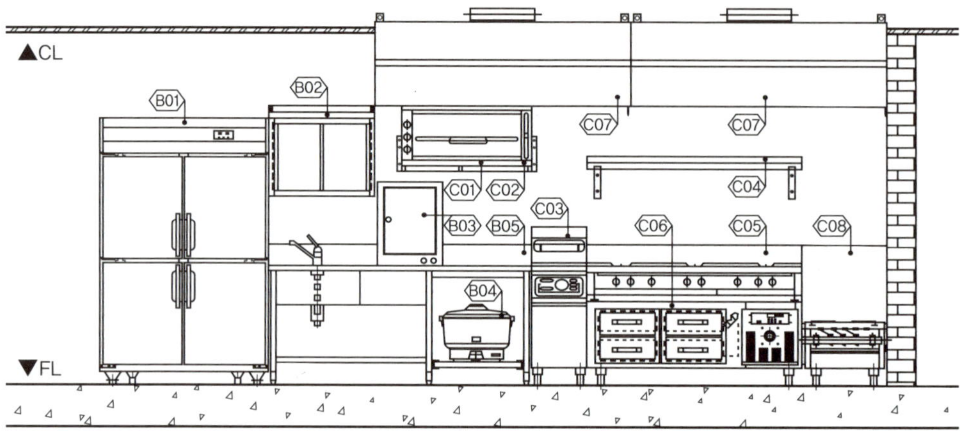

주방구역	[B : 전처리 구역]	[C : 조리 구역]	[D : 서비스 구역 주방 안쪽]
주요 기기	B01 : 냉장고 B02 : 찬장 B03 : 칼소독고	C01 : 생선그릴 C03 : 튀김기 C06 : 서랍식 냉장고 C08 : 낮은 레인지	D04, 06 : 찬장 D03, 05 : 냉장테이블 D07, 08 : 수세시설

자료 : 서울특별시(2009). 한국음식점 주방배치와 위생시설 표준 개발.

Practical Task

각 그룹은 조리공간에 필요한 기기 정보를 수집하고 조리공간 레이아웃을 구상하여 알맞은 조리실 도면을 그려 제출한다(PRACTICAL TASK GUIDE 활용).

1 필요기기에 대한 정보를 수집하여 필요기기 목록표를 완성한다(필요기기 목록표 이용).

2 메뉴 생산에 필요한 구역 및 부분을 나누고 각 부분의 관련성을 고려하여 레이아웃 개요를 그려본다.

3 필요기기 목록과 레이아웃 개요를 바탕으로 하여 눈금종이에 조리실 도면을 완성한다.

PRACTICAL TASK GUIDE

◤ 필요기기 목록표

NO.	기기명	필요수량	크기 (L×W×H)	기기 재질	제조회사	예상단가	총 예상금액

FOOD SERVICE WORKBOOK

7

푸드서비스 메뉴 원가관리 및 메뉴 엔지니어링

학습목표

- 메뉴의 원가요소 및 원가의 종류를 파악할 수 있다.
- 메뉴 평가 방법 중 하나인 메뉴 엔지니어링의 목적과 방법을 이해할 수 있다.
- 메뉴 엔지니어링의 활용 방법을 습득할 수 있다.

07
푸드서비스 메뉴 원가관리 및 메뉴 엔지니어링

1

Lecture

메뉴의 원가요소와 가격 결정

1) 메뉴의 원가요소

메뉴에서 원가요소는 재료비, 노무비, 경비라고 할 수 있다.

- 재료비는 음식에 사용된 식재료비를 말하는 것으로서 보통 식품원가 또는 직접재료비라고도 하며, 식단 구성요소별로 분류하거나 식품군별로 분류할 수 있다.
- 노무비는 푸드서비스 업무에 종사하는 모든 사람의 노동력의 대가로 직접 현장에서 근무하는 사람의 노무비와 간접적으로 근무하는 사람의 노무비의 두 부분으로 나눌 수 있다. 대부분 푸드서비스의 경우 직접 현장에서 근무하는 사람의 노무비인 직접 노무비만을 계산하고 있다.
- 경비는 식재료비와 노무비 이외에 사용되는 모든 비용을 말한다. 경비에 포함되는 내역은 메뉴 가격 결정과 관련되어 각 급식소나 외식업체마다 차이가 있지만, 일반적으로는 시설 사용료, 수도광열비, 관리비, 기타 경비 등이 포함된다.

푸드서비스의 메뉴 원가 요소는 직접적 요소와 간접적 요소로 광범위하게 나눌 수 있으며, 각 업소의 특성에 따라 가격을 결정하는 방법이 다를 수 있다.

2) 가격 결정

메뉴의 가격을 결정하는 것은 고객의 심리적 · 경제적 측면을 충족시켜 매출을 유도함으로써 이익을 창출할 수 있기 때문에 중요하다고 할 수 있다. 메뉴가격을 결정하기 위해서는 원가, 시장, 경쟁 상황, 수요, 서비스 타입, 생산 방식 등을 고려해야 한다.

원가는 일반적으로 재료비, 노무비, 경비의 총 비용을 충당하고 일정 수익이 보장되도록 결정하기 때문에 가격 결정에 있어 원가는 매우 중요하다. 따라서 경쟁사의 품질과 가격, 고객의 인식 등을 분석해야 한다. 음식은 수요상황에 따라 가격이 달라지므로 제품에 대한 인식과 현재 추세 등을 파악해야 한다. 마지막으로 주방의 생산 시스템에 따라서 사용하는 식자재가 완제품인지, 반제품인지 등도 가격 결정에 영향을 줄 수 있다.

2 메뉴 엔지니어링

1) 메뉴 엔지니어링의 이해

여러 가지 메뉴를 제공하는 푸드서비스 업체에서는 일정 기간을 정하여 판매한 메뉴의 수익성과 선호도에 대한 평가를 수행해야 하는데, 이때 사용할 수 있는 것이 메뉴 엔지니어링이다.

메뉴 엔지니어링은 마케팅적 접근에 의해 메뉴의 가격, 디자인, 내용을 평가하는 방법이다. 메뉴 엔지니어링은 메뉴평가의 도구로, 메뉴정책의 수립 및 계획 과정에서 합리적인 의사결정이 가능하도록 메뉴와 관련된 전반적인 사항들에 대해 계수적으로 분석하는 작업 과정을 의미한다. 즉, 메뉴의 가격을 결정할 때 일정기간 동안의 판매량과 공헌이익*을 동시에 고려하여 메뉴를 분류한 것으로, 메뉴 엔지니어링을 통하여 고객의 수요를 증진시키고 아이템별 평균 공헌이익을 증대시키는 방법을 개발하여 활용함으로써 지속적으로 전체 메뉴의 공헌이익을 증가시키는 데 그 목적이 있다. 또한 메뉴 엔지니어링은 경험적·직관적 의사결정이 아닌 합리적인 의사결정이 가능하고, 마케팅적 관점에서 고객 선호도와 이윤공헌 정도를 중심으로 한다. 2가지 이상의 선택메뉴를 판매하는 급식소(또는 외식업체)라면 메뉴 엔지니어링을 통해 각 메뉴들이 수익에 공헌하는 정도를 평가할 수 있다. 판매량과 총 수익의 상관관계를 파악하여 단위당 공헌이익이 가장 높고 판매량이 가장 많은 것이 가장 좋은 메뉴품목으로 평가된다.

* 공헌이익 (contribution margin) : 매출액-변동비

2) 메뉴 엔지니어링 분석 요소

- 일정기간 동안의 고객 수요량
- 일정기간 동안 판매된 메뉴 아이템의 비율
- 각 메뉴 아이템의 공헌이익

메뉴의 가격 책정 시 일반적으로 비용승수법(cost-multiplier pricing formula)이 사용된다. 이 방법은 급식소나 외식업체의 식단가 비율 기준에 따라 메뉴의 판매가격을 결정하는 방법이다. 예를 들어 식단가 비율을 30%로 정한 경우 단가가 600원인 식사의 판매가격은 600원/0.3=2,000원이 된다. 이것은 얼핏 보기에 합리적인 것 같으나 그렇지 않다. 예로 식단가 비율이 30%인 메뉴 A의 가격이 2,000원이고 식단가 비율이 50%가 되는 메뉴 B의 가격이 3,000원이라고 했을 때 식단가 비율만 가지고서 메뉴 B보다 A가 더 수익성이 있는 메뉴라고 할 수 없다.

따라서 수익에 공헌하는 것은 낮은 식단가 비율이 아니라 마진이라는 것이다. 그런데 메뉴의 평가 시 한 가지 더 고려하여야 할 점이 고객들의 메뉴 선호도이다. 동일 메뉴를 제공하고 판매한 총 수량은 같을지라도 메뉴별 수요의 차이에 따라 메뉴의 총 마진 합계액이 달라지며 전체 수익에 기여하는 정도도 달라지게 된다.

이상에서 살펴본 바와 같이 메뉴에 대한 평가 시 식단가 비율 자체만으로 평가하는 기존의 관점보다는 메뉴의 마진과 고객의 메뉴에 대한 선호도(판매량)를 기준으로 해야 한다는 관점으로 볼 필요가 있다. 이와 같은 점에 착안하여 메뉴를 평가하고자 하는 기법이 바로 메뉴 엔지니어링이다.

3) 메뉴 엔지니어링의 실행

메뉴 엔지니어링에 사용되는 작업일지는 1~6단계로 나눌 수 있으며, 다음과 같은 절차로 진행된다.

(1) 1단계

아래 작업일지에 메뉴명, 판매량, 식단가, 판매가를 기입한다.

(a) 메뉴명	(b) 판매량	(c) 메뉴 믹스 비율	(d) 식단가	(e) 판매가	(f) 공헌 마진	(g) 메뉴 비용	(h) 메뉴 수익	(i) 메뉴 공헌마진	(p) 공헌마진 분류	(r) 메뉴 믹스 비율 분류	(s) 메뉴 판정
					(e−d)	(d×b)	(e×b)	(f×b)	(f와 o 비교)	(c와 q 비교)	(p와 r 참고)
버섯리소토	140		3,640	13,000							
아보카도 샐러드	148		3,360	12,000							
불고기피자	297		5,850	15,000							
토마토바질 파스타	365		3,510	13,000							
합계	(n)					(i)	(j)	(m)			
(k) = i/j					(o) = m/n				(q) = (100/메뉴 수) × 0.7		

(2) 2단계

판매량의 합을 내어 메뉴 믹스 비율을 계산한다.

(n) 판매량 합계 = 메뉴들의 판매량(b) 총합

(c) 메뉴 믹스 비율 = 각 메뉴의 판매량(b) ÷ 판매량의 합계(n) × 100

(a) 메뉴명	(b) 판매량	(c) 메뉴 믹스 비율	(d) 식단가	(e) 판매가	(f) 공헌 마진 (e–d)	(g) 메뉴 비용 (d×b)	(h) 메뉴 수익 (e×b)	(i) 메뉴 공헌마진 (f×b)	(p) 공헌마진 분류 (f와 o 비교)	(r) 메뉴 믹스 비율 분류 (c와 q 비교)	(s) 메뉴 판정 (p와 r 참고)
버섯리소토	140	15	3,640	13,000							
아보카도 샐러드	148	16	3,360	12,000							
불고기피자	297	31	5,850	15,000							
토마토바질 파스타	365	38	3,510	13,000							
합계	(n) 950					(i)	(j)	(m)			
(k) = i/j					(o) = m/n				(q) = (100/메뉴 수) × 0.7		

(3) 3단계

공헌마진, 메뉴비용, 메뉴수익, 메뉴 공헌마진을 계산한다.

(f) 공헌마진=(e) 판매가격−(d) 식단가
(g) 메뉴비용=(d) 식단가×(b) 판매량
(h) 메뉴수익=(e) 판매가×(d) 판매량
(l) 메뉴 공헌마진=(f) 아이템 공헌마진×(b) 판매량

(a) 메뉴명	(b) 판매량	(c) 메뉴 믹스 비율	(d) 식단가	(e) 판매가	(f) 공헌 마진 (e–d)	(g) 메뉴 비용 (d×b)	(h) 메뉴 수익 (e×b)	(i) 메뉴 공헌마진 (f×b)	(p) 공헌마진 분류 (f와 o 비교)	(r) 메뉴 믹스 비율 분류 (c와 q 비교)	(s) 메뉴 판정 (p와 r 참고)
버섯리소토	140	15	3,640	13,000	9,360	509,600	1,820,000	1,310,400			
아보카도 샐러드	148	16	3,360	12,000	8,640	497,280	1,776,000	1,278,720			
불고기피자	297	31	5,850	15,000	9,150	1,737,450	4,455,000	2,717,550			
토마토바질 파스타	365	38	3,510	13,000	9,490	1,281,150	4,745,000	3,465,850			
합계	(n) 950					(i)	(j)	(m)			
(k) = i/j					(o) = m/n				(q) = (100/메뉴 수) × 0.7		

(4) 4단계

(i) 총 비용, (j) 총 수익, (m) 총 공헌마진을 계산한다.

(i) 총 비용=메뉴비용(g)의 총합
(j) 총 수익=메뉴수익(h)의 총합
(m) 총 공헌마진=메뉴 공헌마진(l)의 총합

(a) 메뉴명	(b) 판매량	(c) 메뉴 믹스 비율	(d) 식단가	(e) 판매가	(f) 공헌 마진	(g) 메뉴 비용	(h) 메뉴 수익	(l) 메뉴 공헌마진	(p) 공헌마진 분류	(r) 메뉴 믹스 비율 분류	(s) 메뉴 판정
					(e−d)	(d×b)	(e×b)	(f×b)	(f와 o 비교)	(c와 q 비교)	(p와 r 참고)
버섯리소토	140	15	3,640	13,000	9,360	509,600	1,820,000	1,310,400			
아보카도 샐러드	148	16	3,360	12,000	8,640	497,280	1,776,000	1,278,720			
불고기피자	297	31	5,850	15,000	9,150	1,737,450	4,455,000	2,717,550			
토마토바질 파스타	365	38	3,510	13,000	9,490	1,281,150	4,745,000	3,465,850			
합계	(n)					(i)	(j)	(m)			
	950					4,025,480	12,796,000	8,770,520			
(k)=i/j					(o)=m/n				(q)=(100/메뉴 수)×0.7		

(5) 5단계

(k) 총 비용비율, (o) 평균 공헌마진, (q) 70% rule 메뉴 믹스 비율을 계산한다.

(k) 총 비용비율=총비용(i)÷총 수익(j)×100
(o) 평균 공헌마진=총 공헌마진(m)÷총 판매량(n)
(q) 70% rule 메뉴 믹스 비율*=(100÷메뉴의 개수)×0.7

* 70% rule 메뉴 믹스 비율 : 메뉴 엔지니어링에서 메뉴의 인기도를 판정할 때 사용하는 일종의 규칙으로 특정 아이템의 메뉴 믹스 비율이 전체 판매량의 70%를 넘어선 경우 판매량이 높다고 판정한다.

(a) 메뉴명	(b) 판매량	(c) 메뉴 믹스 비율	(d) 식단가	(e) 판매가	(f) 공헌 마진	(g) 메뉴 비용	(h) 메뉴 수익	(i) 메뉴 공헌마진	(p) 공헌마진 분류	(r) 메뉴 믹스 비율 분류	(s) 메뉴 판정
					(e−d)	(d×b)	(e×b)	(f×b)	(f와 o 비교)	(c와 q 비교)	(p와 r 참고)
버섯리소토	140	15	3,640	13,000	9,360	509,600	1,820,000	1,310,400			
아보카도 샐러드	148	16	3,360	12,000	8,640	497,280	1,776,000	1,278,720			
불고기피자	297	31	5,850	15,000	9,150	1,737,450	4,455,000	2,717,550			
토마토바질 파스타	365	38	3,510	13,000	9,490	1,281,150	4,745,000	3,465,850			
합계	(n)					(i)	(j)	(m)			
	950					4,025,480	12,796,000	8,770,520			

(k) = i/j	(o) = m/n	(q) = (100/메뉴 수) × 0.7
31%	9,232,126	17.5

(6) 6단계

(p) 공헌마진과 (r) 메뉴 믹스 비율에 따라 (s) 메뉴 아이템을 판정한다.

공헌마진도 높고 메뉴 믹스 비율도 높은 경우 Star 메뉴로 그대로 유지하면 되는 메뉴이고, 공헌마진은 낮으나 메뉴 믹스 비율이 높으면 Plowhorse 메뉴로 가격 조정이 필요하며, 공헌마진도 낮고 메뉴 믹스 비율도 낮으면 Dog 메뉴이므로 다른 메뉴로 교체하여야 한다.

(a) 메뉴명	(b) 판매량	(c) 메뉴 믹스 비율	(d) 식단가	(e) 판매가	(f) 공헌 마진	(g) 메뉴 비용	(h) 메뉴 수익	(i) 메뉴 공헌마진	(p) 공헌마진 분류	(r) 메뉴 믹스 비율 분류	(s) 메뉴 판정
					(e−d)	(d×b)	(e×b)	(f×b)	(f와 o 비교)	(c와 q 비교)	(p와 r 참고)
버섯리소토	140	15	3,640	13,000	9,360	509,600	1,820,000	1,310,400	High	Low	Puzzle
아보카도 샐러드	148	16	3,360	12,000	8,640	497,280	1,776,000	1,278,720	Low	Low	Dog
불고기피자	297	31	5,850	15,000	9,150	1,737,450	4,455,000	2,717,550	Low	High	Plowhorse
토마토바질 파스타	365	38	3,510	13,000	9,490	1,281,150	4,745,000	3,465,850	High	High	Star
합계	(n)					(i)	(j)	(m)			
	950					4,025,480	12,796,000	8,770,520			

(k) = i/j	(o) = m/n	(q) = (100/메뉴 수) × 0.7
31%	9,232,126	17.5

4) 메뉴 엔지니어링의 활용

메뉴 엔지니어링의 결과로 분류된 Star, Plowhorse, Puzzle, Dog에 대한 정확한 의사결정을 내리기는 쉽지 않다. 각 아이템들이 어떠한 분류에 속하는가에 따라 조취를 취할 것을 권장하고 있으나 이는 어디까지나 이론적으로 제시되는 조치로서 관리자의 경험, 급식소(또는 외식업체)의 여건, 운영의 성격 등 여러 가지 정보를 종합하여 최종적으로 결론을 내릴 필요가 있다.

(1) Star

- 선호도가 높고 수익성 높은 아이템군으로 대개 그 업장의 대표 메뉴라 할 수 있다.
- 현재 수준의 품질, 1인 분량 등에 대해 표준화·규격화하여 품질을 엄격히 유지한다.
- Superstar 메뉴의 경우 가격의 변화에 고객이 민감한 반응을 보이지 않기 때문에 가격 인상을 시도해 볼 수도 있다.
- 메뉴상 최상의 위치에 배열한다.
- 일단 Star 군에 포함되어 있는 아이템은 메뉴상의 위치에 관계없이 대부분의 고객이 그 아이템을 선호하기 때문에 메뉴상 최상의 위치에는 전략적인 아이템이 배열되어야 한다.

(2) Plowhorse

- 선호도는 높으나 수익성이 낮은 아이템군이다.
- 주로 중간대 이하의 가격군을 형성하며 가격의 변화에 민감한 반응을 보이는 아이템들이다.
- 가격 탄력성이 크다면 최소한의 비용만을 인상시키거나 반감을 주지 않는 범위에서 재료비를 줄이도록 한다.
- 판매가 인상을 시도한다.
- 선호도가 높기 때문에 메뉴상 아이템의 배열을 제고한다. 즉, 고객의 시선이 덜 집중되는 곳에 위치시킨다.
- 식자재 원가가 높은 아이템과 낮은 아이템을 묶어서 세트 상품으로 판매하여 전체적인 원가를 줄여 가격은 그대로 유지하면서 공헌이익을 높일 수 있는 방안을 강구한다.

(3) Puzzle

- 수익성은 높지만 선호도가 낮은 아이템으로 선호도만 높이면 Star 군에 속하는 아이템들이다.
- 메뉴상 눈에 잘 띄는 위치에 배열한다.
- 아이템의 이름을 바꾸어 선호도를 높인다.
- 가격을 낮추어 수요를 증가시켜 본다.
- 특선요리에 포함시키거나 고객에게 권하도록 한다.
- Puzzle 군에 속하는 아이템의 수를 최소화한다.
- 생산하는 데 특별한 기능이 요구되거나, 많은 노동력을 요구하는 아이템은 메뉴에서 삭제한다.

(4) Dog

- 수익성과 선호도가 없는 아이템이다.
- 품질, 조리, 재고누적 등의 문제를 일으킬 수 있으므로 메뉴에서 삭제하는 등 해당 아이템의 수를 제한한다.

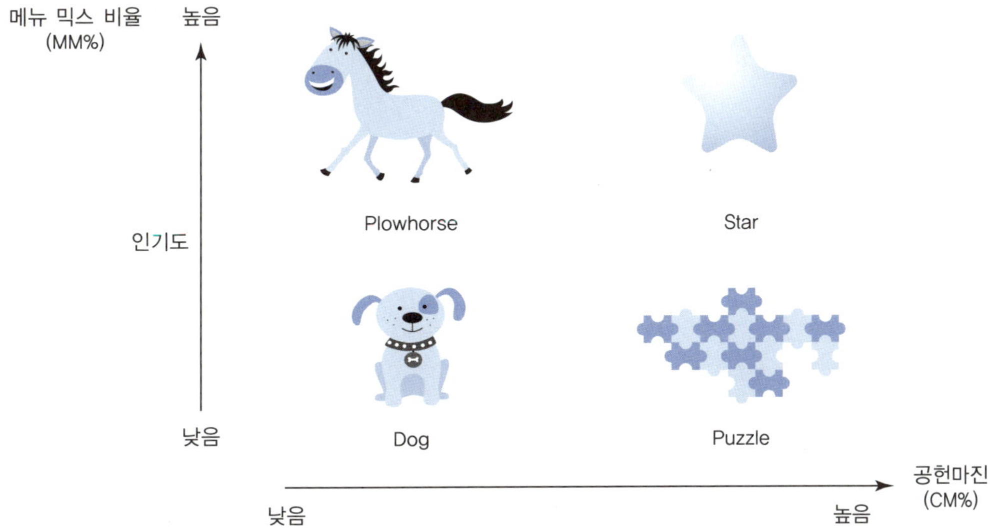

그림 7-1
메뉴 엔지니어링 매트릭스

5) 메뉴 엔지니어링의 장단점

메뉴 엔지니어링은 메뉴를 마케팅적 접근에 의해 파악함으로써 메뉴를 그 자체의 고정된 것으로 인식하는 데서 벗어나 고객과 메뉴, 고객과 푸드서비스 업체 간의 유동적인 상호관계 속에서 평가할 수 있다. 하지만 일정 수준 이하의 판매량에서 어떤 품목은 전체 비용을 커버하지 못하는 상태에서도 공헌이익을 긍정적으로 창출하며, 식자재원가를 제외한 인건비를 고려하지 않는 단점이 있다.

Class Activity

급식소(또는 외식업체) 한 곳을 방문하여 그 업체의 메뉴(메뉴가 5가지 이내인 곳이 적당함)에 대하여 메뉴 엔지니어링을 실시해 보자.

<table>
<tr><th rowspan="2">(a)
메뉴명</th><th rowspan="2">(b)
판매량</th><th rowspan="2">(c)
메뉴
믹스
비율</th><th rowspan="2">(d)
식단가</th><th rowspan="2">(e)
판매가</th><th>(f)
공헌
마진</th><th>(g)
메뉴
비용</th><th>(h)
메뉴
수익</th><th>(i)
메뉴
공헌
마진</th><th>(p)
공헌
마진
분류</th><th>(r)
메뉴 믹스
비율 분류</th><th>(s)
메뉴 판정</th></tr>
<tr><th>(e−d)</th><th>(d×b)</th><th>(e×d)</th><th>(f×b)</th><th>(f와 o 비교)</th><th>(c와 q 비교)</th><th>(p와 f 참고)</th></tr>
<tr><td></td><td></td><td></td><td></td><td></td><td></td><td></td><td></td><td></td><td></td><td></td><td></td></tr>
<tr><td></td><td></td><td></td><td></td><td></td><td></td><td></td><td></td><td></td><td></td><td></td><td></td></tr>
<tr><td></td><td></td><td></td><td></td><td></td><td></td><td></td><td></td><td></td><td></td><td></td><td></td></tr>
<tr><td></td><td></td><td></td><td></td><td></td><td></td><td></td><td></td><td></td><td></td><td></td><td></td></tr>
<tr><td></td><td></td><td></td><td></td><td></td><td></td><td></td><td></td><td></td><td></td><td></td><td></td></tr>
<tr><td rowspan="2">합계</td><td>(n)</td><td rowspan="2"></td><td rowspan="2"></td><td rowspan="2"></td><td rowspan="2"></td><td>(i)</td><td>(j)</td><td>(m)</td><td rowspan="2"></td><td rowspan="2"></td><td rowspan="2"></td></tr>
<tr><td></td><td></td><td></td><td></td></tr>
<tr><td colspan="5">(k) = i/j</td><td colspan="4">(o) = m/n</td><td colspan="3">(q) = (100/메뉴 수) × 0.7</td></tr>
<tr><td colspan="5"></td><td colspan="4"></td><td colspan="3"></td></tr>
</table>

Practical Task

각 그룹은 공통 Class Activity 결과를 이용하여 메뉴 엔지니어링 분석결과에 따라 급식소(또는 외식업체)의 특성에 맞는 해결 방안을 제시해 보자.

FOOD SERVICE WORKBOOK

8

푸드서비스 마케팅계획

학습목표

- 푸드서비스 마케팅에 필요한 개념 및 요소를 이해한다.
- 푸드서비스 마케팅 전략계획 및 실행에 필요한 단계를 익힌다.
- 푸드서비스 업체의 특성에 맞춘 마케팅 전략을 수립해 본다.

08
푸드서비스 마케팅계획

Lecture

1 푸드서비스 마케팅의 정의 및 주요 개념

1) 푸드서비스 마케팅의 정의

푸드서비스 마케팅이란 고객이 식사장소를 선택하는 데 있어 여러 대안들 중에서 해당 푸드서비스 업체를 선택하도록 만들기 위하여 업체의 내외부 환경, 고객, 경쟁업체를 분석하고 이를 기초로 하여 음식 및 서비스 상품(product), 가격(price), 장소(place), 촉진(promotion) 전략을 계획·실행·통제함으로써 고객만족과 수익목표를 달성해나가는 활동을 말한다. 푸드서비스 마케팅을 진행하기 위해서는 다음과 같은 주요 개념을 이해하고 이에 해당하는 활동을 진행할 수 있도록 해야 한다.

(1) 시장

푸드서비스 영역에서 시장(market)은 음식의 생산을 위해 필요한 원자재를 획득하고 그에 대한 가치(화폐)를 지불하거나, 반대로 음식과 서비스를 제공하고 그 대가로 가치를 수수하는, 즉 교환과 거래가 일어나는 물리적 공간을 의미한다. 한편 마케팅 관점에서의 시장은 푸드서비스 업체가 상품을 판매하기를 원하는 고객집단을 의미하기도 한다.

(2) STP

STP는 시장 세분화(Segmentation), 표적시장 선정(Targeting), 포지셔닝(Positioning)의 약자로 마케팅 전략 수립의 핵심요소라고 할 수 있다.

- 시장 세분화 : 전체 시장을 인구통계적 변수(연령, 성별 등), 지리적 변수(지역, 인구밀도 등), 심리적 변수(라이프 스타일, 개성 등), 구매 행동 변수(브랜드 충성도, 추구편익 등) 등의 기준

에 따라 동질적인 시장으로 분할하는 것을 말함
- 표적시장 선정 : 업체에게 최대 매출 기회를 제공할 것으로 예상되는 하나 이상의 세분시장을 선정하는 것으로 마케팅 활동의 주요 대상이 되는 목표 고객 선정을 의미하기도 함
- 포지셔닝 : 경쟁사와 구별되는 자사 상품의 차별적 요소를 고객에게 확고하게 인식시키는 활동을 말함

2) 마케팅 환경 분석 및 SWOT

(1) 마케팅 환경 분석

마케팅 환경 분석은 마케팅 활동에 직·간접적으로 영향을 미치는 내·외부적 요인 분석을 말하는 것으로 PEST 분석 및 3Cs 분석이 주를 이룬다.

- PEST 분석 : PEST 분석은 정치적(Political), 경제적(Economical), 사회적(Social), 기술적(Technological) 환경 분석을 의미하는 것으로서 기업의 경영활동에 영향을 미칠 수 있는 광범위한 외부환경 분석을 의미함
- 3Cs 분석 : 자사(Company)의 현재 상황 분석, 고객(Customer)의 특성과 규모, 성장 가능성, 경쟁사(Competitor)의 강점과 약점, 전략에 대한 분석을 의미함

(2) SWOT

마케팅 환경 분석을 통해 얻은 정보를 바탕으로 기업 내부의 강점(Strength), 약점(Weakness), 기회(Opportunity), 위협(Threat) 요소를 파악하여 업체에 적합한 마케팅 전략을 도출하는 데 사용된다.

	강점 (Strength)	약점 (Weakness)
기회 (Opportunity)	SO 전략 외부기회를 살리기 위해 내부강점을 이용	WO 전략 외부기회를 이용하여 내부약점 보완 또는 강점으로 전환
위협 (Threat)	ST 전략 외부위협을 최소화하기 위해 내부강점을 극대화	WT 전략 내부약점을 보완하여 외부위협 최소화 또는 극복

그림 8-1
SWOT 분석

3) 마케팅 믹스

마케팅 믹스란 표적시장에 대한 효과적인 마케팅 목표 달성을 위해 활용하는 마케팅 요소들의 조합을 뜻한다. 전통적 마케팅 믹스는 보통 4Ps로 표현되며 상품(Product), 가격(Price), 장소(Place), 촉진(Promotion)을 의미한다. 서비스 산업 분야에서는 기본적인 4Ps 이외에 사람(People), 물리적 증거(Physical evidence), 프로세스(Process)를 추가한 7Ps를 마케팅 믹스로 간주하고 있다. 푸드서비스 분야

는 메뉴와 서비스를 모두 고려해야 하므로 서비스 산업 분야에서 활용하는 7Ps를 마케팅 믹스로 정의하고 이에 대한 전략 수립과 관리가 이루어져야 한다. 푸드서비스 마케팅 믹스 전략에 대한 간략한 설명은 다음과 같다.

- 상품 : 푸드서비스에서 취급하는 식음료(유형재) 및 서비스(무형재)를 포함한 복합적 상품을 의미하며, 고객이 메뉴와 서비스를 제공받는 과정에서 겪는 총체적 경험(total experience)의 관리 전략이 필요함
- 가격 : 판매한 상품에 대해 고객이 지불하는 금전적 가치로서 고객 구매 결정에 큰 영향을 미치고 수익창출에 결정적인 요소로 작용하므로 고객 심리 및 수요와 공급에 맞춘 적절한 계획 및 전략이 필요함
- 장소 : 전통적 마케팅에서 장소는 제품을 고객에게로 전달하기 위해 거치게 되는 중간 상인 또는 매개인 등 유통의 흐름을 말하는 것임. 반면 푸드서비스에서는 음식과 서비스가 제공되는 장소의 의미가 큼. 따라서 고객이 편리하고 쉽게 이용할 수 있는 입지 선정 등이 주요 관리 사항이 됨
- 촉진 : 촉진은 푸드서비스 업체가 고객에게 상품 또는 업체에 관련된 정보를 전달하거나 구매를 유도하기 위해 상품의 가치를 전달하고 설득하는 마케팅 커뮤니케이션 활동을 의미함. 전통적인 촉진전략(광고, 판매촉진, 홍보) 이외에 구전(word-of-mouth), 데이터베이스 마케팅, 소셜 마케팅 등 다양한 전략이 활용되고 있음
- 사람 : 메뉴 및 서비스 상품을 전달하는 과정에 참여하여 고객 만족에 영향을 주는 모든 사람(종사원, 고객 등)을 의미하며, 상품의 직접적 전달자인 종사원 관리, 서비스 공간에 존재하여 다른 고객에게 영향을 주거나, 서비스에 직접 참여하는 고객 등의 관리가 필요함
- 물리적 증거 : 고객이 상품을 제공받는 공간의 분위기나 물리적 시설 등을 의미하며 고객들은 물리적 증거를 통해 특정 푸드서비스에서 제공받을 수 있는 상품을 예측하게 되므로 마케팅 측면에서 중요하게 관리되어야 하는 요소임
- 프로세스 : 메뉴 상품 및 서비스가 제공되는 절차 및 활동의 흐름, 즉 서비스 전달 시스템을 의미하는 것으로 모든 전달 과정이 고객에게 품질 평가 요소로 작용하여 만족도에 큰 영향을 미치므로 적절한 설계가 필요함

2 메뉴 마케팅

푸드서비스에서 핵심상품은 식음료에 해당하는 메뉴이므로 급식/외식을 막론하고 메뉴에 대한 마케팅 전략은 가장 중요한 부분이다. 메뉴 마케팅은 다음과 같은 하위 믹스 요소들의 개선과 개발에 중점을 두고 전략을 세워야 한다.

- 음식 품질관리 : 신메뉴 개발, 메뉴 개선, 음식의 위생 및 안전성 확보, 메뉴의 일관성 유지를 위한 표준레시피 개발 및 식재료 규격 표준화 등
- 메뉴 머천다이징 : 푸드 코디네이션(푸드 프레젠테이션, 테이블 데코레이션, 식공간 연출), 메뉴 프레젠테이션(메뉴판 디자인, 메뉴 설명)

Class Activity

1 현재 운영되고 있는 푸드서비스 업체를 선택하여 SWOT → STP → 7Ps 마케팅 믹스 전략을 분석해 보자.

2 푸드서비스 업체에서 활용하고 있는 메뉴 마케팅의 예를 수집하여 업체와 고객 입장에서의 장단점 및 개선사항에 대해 토론해 보자.

Practical Task

1 각 그룹은 지정된 푸드서비스 업체에 대해 환경분석 및 STP를 통하여 적절한 메뉴 또는 서비스 마케팅 전략을 기획해 보도록 한다(PRACTICAL TASK GUIDE 활용).
- 급식소의 경우 프로모션 전략에 영양교육 제안을 함께 진행한다.
- 외식업소의 경우 메뉴 판매 프로모션 전략에 중점을 두고 진행한다.

2 3장에서 개발한 메뉴를 바탕으로 하여 선정한 업체의 콘셉트와 목표고객을 고려하여 메뉴에 대한 촉진활동을 계획한다.

푸드서비스 마케팅 기획절차

업체의 내·외부 상황 분석 및 고객 분석을 바탕으로 마케팅 목표를 수립하고 다음과 같은 체계적인 마케팅 기획 과정을 거쳐 푸드서비스 상품 개발 및 프로모션 전략을 마련해야 하며, 특히 마케팅 실행 효과 및 반응에 대한 평가계획이 함께 수립되어야 한다.

	문제 제기 및 원인 분석	상황 분석	마케팅 목표 수립	상품 개발	마케팅 믹스 방법 결정	신서비스 상품 실행 방법 수립	신상품 출시 및 운영
주요 내용	• 기존 상품 관련 문제점 및 원인 분석 • 신상품의 필요성 인식	• 해결책 제시를 위한 업체 내·외부 분석	• 문제 해결을 위한 목표 수립	• 문제 해결을 위한 다양한 차원의 신상품 개발	• 신상품을 고객에게 알릴 수 있는 마케팅 믹스 방법 개발	• 신상품을 제공하기 위해 필요한 준비 작업	• 신상품 제공 후 마케팅 효과 및 반응 확인계획
세부 사항		• 3Cs 분석 • 환경분석	• 목표 수립 TIP – 측정 가능 – 달성 가능 – 현실성 – 수용 가능	• 외식서비스 상품 콘셉트 결정 및 구체화	• 프로모션 믹스 (promotion mix) 활용 방안 탐색	• 매뉴얼 개발 • 종사원 교육훈련 방법 설정	• 평가계획 • 피드백 방안 마련
기획서 제시 사항	• 마케팅 기획 이유 및 배경	• 자사, 경쟁사 분석 결과–SWOT • 고객조사 분석 결과 • 3Cs 분석 결과의 해석	• 마케팅 목표	• 구체적 상품전략 방안 제시 – 상품 콘셉트 – 프로토 타입 – 상품 주요 편익	• 프로모션 믹스 전략 제시	• 외식서비스 상품 제공 점포 매뉴얼 • 종사원 교육훈련 매뉴얼	• 기대효과 • 평가계획

◤ 마케팅계획표의 예

마케팅계획을 위하여 아래와 같은 질문에 구체적인 답을 작성해 보도록 한다.

【마케팅계획】 업체 이름 : ___________

질문	대답
1. 목표(올해의 목표는 무엇인가?)	
2. 상품/서비스(우리가 제공하고 있는 상품이나 서비스는 무엇인가?)	
3. 고객(누가 우리의 상품을 구매하는가? 그들의 장점은 무엇인가?)	
4. 경쟁사(우리의 경쟁사는 누구인가? 그들의 장점은 무엇인가?)	
5. 포지셔닝(우리의 어떤 점이 경쟁사와 차별화되고 고객들에게 인식되고 있는가?)	
6. 가격(우리 상품은 가격을 어떻게 책정할 것인가?)	
7. 판매(어떻게, 어디에서 우리의 상품을 제공할 것인가?)	
8. 프로모션(사람들이 우리의 상품을 알 수 있는 방법은 무엇인가?)	
9. 예산(상품 프로모션을 하기 위해 쓸 수 있는 예산은 얼마나 되는가?)	
10. 실행계획(상품을 팔거나 프로모션하기 위해 해야 하는 구체적인 일은 무엇인가?)	

◤ 촉진활동계획

필요 사항	세부계획 내용	실제계획
1. 목표 설정	① 고객점유율 목표 ② 고객 재방문율 목표 ③ 미디어 노출 목표 ④ 판매량 목표	
2. 전통적 촉진활동 1) 홍보/미디어 마케팅 2) 다이렉트 메일 3) 이벤트	① 목표 ② 시청자(audience) ③ 채널 ④ 타임라인 ⑤ 평가계획 ⑥ 홍보 콘텐츠 ⑦ 역할 분담 ⑧ 예산	

(계속)

필요 사항	세부계획 내용	실제계획
3. 디지털 촉진활동		
1) 충성도 프로그램	① 목표 ② 플랫폼 ③ 인센티브 설정 ④ 타임라인 ⑤ 평가계획 ⑥ 역할 분담 ⑦ 예산	
2) 웹사이트	① 목표 ② 웹사이트 플랫폼 ③ 톱 키워드 설정 ④ 톱 타이틀 태그(tag) ⑤ 평가계획 ⑥ 역할 분담 ⑦ 예산	
3) 소셜 미디어	① 목표 ② 시청자 ③ 채널 ④ 해시태그 ⑤ 콘텐츠 스케줄 ⑥ 평가계획 ⑦ 역할 분담 ⑧ 예산	
4) 이메일	① 목표 ② 타깃 고객 ③ 플랫폼 ④ 콘텐츠 스케줄 ⑤ 타임라인 ⑥ 평가계획 ⑦ 역할 분담 ⑧ 예산	
5) 온라인 리뷰 사이트	① 목표 ② 채널 ③ 평가계획 ④ 역할분담 ⑤ 예산	
6) SMS 문자	① 목표 ② 타깃 고객 ③ 플랫폼 ④ 타임라인 ⑤ 평가계획 ⑥ 역할 분담 ⑦ 예산	

FOOD SERVICE
WORKBOOK

9

푸드서비스 영양교육 및 영양정보 서비스계획

학습목표

- 푸드서비스 업체 및 고객의 특성에 맞는 영양교육 및 정보 제공 방법을 알아본다.
- 푸드서비스 현장에서 이용할 수 있는 고객대상 영양교육 매체의 활용방안을 모색해 본다.
- 고객을 위한 영양교육 또는 영양정보 서비스계획을 수립해 본다.

09
푸드서비스 영양교육 및 영양정보 서비스계획

Lecture

1

중점고객을 고려한 영양교육 및 영양정보 서비스계획

푸드서비스는 다양한 특성을 가진 고객을 대상으로 하고 있다. 이에 각 업체별로 중점고객을 대상으로 매체를 활용한 영양 정보 제공 및 영양교육을 통해 차별화된 마케팅 활동을 진행할 수 있다. 특히 노인, 어린이, 회사원 등 특정 고객을 대상으로 하는 급식의 경우 영양교육은 마케팅 도구일 뿐만 아니라 급식 자체의 목표가 되므로 정확한 정보 전달을 통해 고객 식습관에 긍정적 영향을 미칠 수 있도록 더욱 주의를 기울여 기획해야 한다.

1) 영양교육 및 영양정보 제공 목표

(1) 고객별 영양 중요성 인지

고객에게 건강한 식생활을 통해 건강 증진과 질병 위험 감소 가능성이 있음을 인지시키도록 함

(2) 올바른 영양 지식 습득 및 활용

건강한 식생활을 실천하기 위해 필요한 영양지식과 식품선택 방법 등을 이해하고 활용할 수 있도록 함

(3) 올바른 식습관 형성

고객의 식생활 개선 의지를 함양하여 건강하고 올바른 식생활을 지속적으로 유지하도록 유도함

2) 영양교육 및 영양정보 제공을 위한 매체 활용 시 고려사항

- 교육대상 : 고객의 수준, 흥미유발 및 지적 호기심 자극 요소
- 교육주제 및 기대효과
- 교육환경 : 장소, 교육 정보 전달 시 활용 가능한 매체 파악
- 비용의 적정성
- 정보의 신뢰성
- 활용매체의 용이성

그림 9-1
영양교육 매체의 활용 절차

2 푸드서비스 현장에서 활용 가능한 영양교육 시각 매체

1) 시각 매체의 종류

- 인쇄 매체 : 팸플릿, 유인물, 포스터, 달력
- 전시 · 게시 매체 : 게시판, 그림, 사진, 영상콘텐츠
- 입체 매체 : 실물 · 모형 · 인형 등

2) 시각 매체 활용 시 유의점

- 이해하기 쉬운 내용으로 구성
- 텍스트 및 숫자보다는 그림과 도표를 이용하여 간결하게 구성
- 색채를 활용하되 적은 종류의 색상을 이용하여 복잡하지 않도록 구성

Class Activity

급식 또는 외식업소 현장에서 실제 사용되고 있는 영양교육 또는 영양정보 제공용 매체의 예를 수집하여 검토하고, 매체의 장단점을 토론한 후 개선사항을 도출한다.

※ 외식업소의 경우 영양정보 제공 서비스 관점에서 활용되고 있는 포스터, 메뉴의 영양정보 전달 방법 등에 대해서 토론하는 것이 적절하다.

Practical Task

각 그룹은 선정한 푸드서비스 조직에 필요한 영양교육 또는 영양정보 서비스 목표를 설정하고 이에 맞는 영양교육(또는 영양정보 서비스) 제공계획을 세워보도록 한다(PRACTICAL TASK GUIDE 활용).

※ 포스터 제작이나 영양교육용 블로그 개설계획을 실시해 볼 수 있다.

PRACTICAL TASK GUIDE

영양교육 주제 및 방법 결정을 위한 주요 토의내용

구분	내용	
상황 분석	① 업체 및 고객 분석	업체명, 1일 평균 고객 수, 식단가 등
	② 영양교육(영양정보 서비스) 관련 상황 분석	고객 특성 파악을 통한 영양교육 주제 결정
영양교육 대안 모색	각 업체 상황에 맞는 실용적인 영양교육 매체를 제작하거나 영양교육(영양정보 서비스) 프로그램의 계획안에 대한 개발	• 대안의 구체적 목표 설정 • 대안 개발을 위한 자료 수집 및 분석 : 문헌고찰, 고객 인터뷰 등 • 매체 제작 및 프로그램 계획 : 선택 대안의 특징, 기대효과, 필요한 도구 등 결정 • 프로그램 운영계획 • 평가계획 • 예산안

영양교육 제안서의 예(학교 급식소 포스터 제작계획)

영양교육주제	식사예절
주제설정 이유	초등학생들의 올바른 식행동이나 식습관을 기르도록 하고 사회의 첫 경험이라고 할 수 있는 학교에서부터 바른 식사 예절을 배우도록 하기 위해서이다.
영양교육 설정조건[1)]	초등학교 3~6학년 1,200명을 대상으로 한 달마다 다른 내용을 식당 게시판과 복도에 부착한다.
교육내용[2)] (또는 매체제작계획)	포스터 및 표어 제작 • 매체의 특징 : 포스터는 전달할 내용을 일정한 지면에다 한눈에 알아볼 수 있도록 표현하는 선전이나 광고매체이다. 타 매체에 비해 지속적이고 표현 방법이 다양해서 시각적 호소력이 크다. 그러므로 초등학생들이 한눈에 쉽게 볼 수 있도록 하여 간단한 정보를 인상적으로 전달할 수 있다. • 매체의 내용 – 포스터 : 올바른 식사예절에 대해서 알린다. • 이용장소 및 시간 선택의 이유 : 3, 4학년은 학교식당에서 식사를 하므로 식당의 게시판을 이용하고 5, 6학년은 교실에서 식사를 하므로 평소에도 볼 수 있도록 복도에 게시한다. • 기대되는 효과 : 음식을 먹을 때 편식하지 않고 편안하고 조용한 분위기에서 먹을 수 있도록 한다.
평가계획[3)]	영양교육 전후에 식습관에 대한 설문지를 나누어주고 식습관에 대해 체크해 보도록 하여 식습관에 변화가 있는지 평가한다.
예산안[4)]	포스터 20장 • 디자인 편집비 : 100,000 • 인쇄비 : 200,000 • 총 합계 : 300,000

주 1) 대상특성 및 인원수, 실시예정일, 장소 및 시간 등
2) 선택한 매체의 특징, 매체 아웃라인(outline), 이용 장소 및 시간 선택의 이유, 기대되는 효과
3) 영양교육의 효과를 판단할 수 있는 평가계획
4) 대략적인 예산안 작성

FOOD SERVICE WORKBOOK

10

푸드서비스 위생관리와 HACCP

학습목표

- 푸드서비스 업종의 위생관리의 중요성에 대해 설명할 수 있다.
- HACCP 적용 7원칙 12절차를 설명할 수 있다.
- 급식소와 외식업소의 HACCP 적용 시 차이점을 설명할 수 있다.
- HACCP 적용 급식 · 외식업소의 CCP 일지를 작성할 수 있다.
- 음식점 위생등급제의 실행 효과를 설명할 수 있다.

10
푸드서비스 위생관리와 HACCP

Lecture

1 푸드서비스 위생관리의 중요성

푸드서비스 업종에서 위생관리는 급식대상자 또는 고객에게 제공되는 음식의 안전성을 확보하기 위한 기본적인 수단이다. 음식의 원료가 생산되는 단계에서부터 소비자가 최종 소비하기까지의 모든 과정에서 인간에게 위해가 되는 요소가 존재할 가능성이 있다. 즉, 음식의 원·부재료뿐만 아니라 푸드서비스 관리자와 종사원, 조리시설 등이 모두 오염원이 될 수 있다. 따라서 급식대상자 또는 고객이 안전한 식품을 섭취할 수 있도록 하기 위해서 푸드서비스 종사원은 각종 위해(hazard)를 위험(risk) 수준 이하로 감소시키거나 제거할 수 있는 위생관리 방법에 대해 올바로 이해하고 정확하게 실행해야 한다.

최근 식중독 발생 통계에 의하면 식중독의 주요 발생장소는 음식점과 급식소였고, 급식이나 외식인구의 증가뿐만 아니라 실내온도의 상승 등도 식중독 발생 증가의 원인으로 분석되고 있다. 또한 동절기의 바이러스 식중독의 발생 증가로 인해 과거에는 하절기에 식중독 발생이 집중되었던 것에 비해 최근에는 식중독 사고가 연중 발생하고 있으므로 푸드서비스 시설에서의 위생관리 개선대책 마련이 필요하다.

또한 식중독이 발생하면 생산성 감소, 근로의욕 저하, 의료비 증가 등 다양한 사회·경제적 손실이 발생하게 되므로 식중독의 주요 발생장소인 푸드서비스 업종에서는 효과적인 식중독 예방대책 수립과 실천이 요구된다.

푸드서비스 HACCP 인증

2

1) HACCP의 정의와 도입 과정

식품 및 축산물 안전관리인증기준(HACCP, Hazard Analysis and Critical Conrol Point)은 식품·축산물의 원료 관리, 제조·가공·조리·소분·유통·판매의 모든 과정에서 위해한 물질이 식품 또는 축산물에 섞이거나 식품 또는 축산물이 오염되는 것을 방지하기 위하여 각 과정의 위해요소를 확인·평가하여 중점적으로 관리하는 기준을 말한다. HACCP은 식중독 사고의 원인이 되는 식품, 종사원, 조리시설에 대한 효과적인 위생관리를 위해 제안되고 있는 관리체계 중 가장 과학적이고 체계적이라고 평가받고 있으며, 다양한 유형의 급식·외식업소에서 자율적용하고 있다. 우리나라는 1995년 12월, 「식품위생법」 제32조 제2항에 HACCP 제도 적용에 대한 규정이 마련되었고, 집단급식소 및 식품접객업소, 도시락업체에 대한 안전관리인증기준은 2000년 10월에 마련되었으며, 2005년 10월부터는 식품제조·가공업소와 HACCP 관련 고시가 구분되어 적용되었다. 또한 2011년 6월부터 HACCP 도입 활성화를 위해 식품접객업(일반음식점, 휴게음식점, 제과점)의 HACCP 관리기준이 간소화되었다.

2) HACCP 7원칙 12절차

HACCP 적용 절차는 국제식품규격위원회(Codex)에서 정한 것으로 일반적으로 다음 페이지의 〈그림 10-1〉과 같이 7원칙 12절차로 구분한다. 각 단계의 주요 내용은 다음과 같다.

(1) 절차 1 : HACCP 팀 구성

HACCP 팀 구성단계는 HACCP 제도의 확립과 운용을 담당할 HACCP 팀장 및 팀원을 확보하고, 이들에게 업무를 분장하며, 이에 대한 책임과 권한을 부여하는 과정이다. HACCP 팀은 해당 조직의 전반적인 운영 특성을 잘 이해하고 있는 인력으로 구성하고, 비상시 인력을 대체할 수 있는 방법도 별도로 마련해야 한다.

(2) 절차 2 : 제품설명서 작성

제품설명서를 작성하고 사용 용도를 확인하는 단계는 식재료와 최종 조리음식은 어떤 특성을 가지고 어떤 식재료를 사용하여 어떤 환경에서 생산 및 제공되는지를 검토하는 것으로 향후 HACCP 7원칙 적용의 기초정보를 제공한다. 제품설명서는 생산되는 음식의 특성과 용도를 기술한 양식이다. 급식·외식업소에서 이용하는 표준레시피 형식에 완제품의 관능적·이화학적·미생물학적 품질 규격에 대한 내용을 추가로 작성한 형식이다. 제품설명서 작성 과정에서 위해를 적절하게 관리할 수 없는 메뉴나 계절적으로 적용이 부적절한 메뉴는 HACCP 적용 업장의 메뉴에서 제외한다.

(3) 절차 3 : 용도 확인

해당 식품의 의도된 사용 방법 및 급식대상자 또는 고객을 파악하는 과정이다. 제품에 대한 용도를 확인한 자료는 위해평가와 위해요소의 한계기준 결정을 위한 중요한 근거자료로 활용된다.

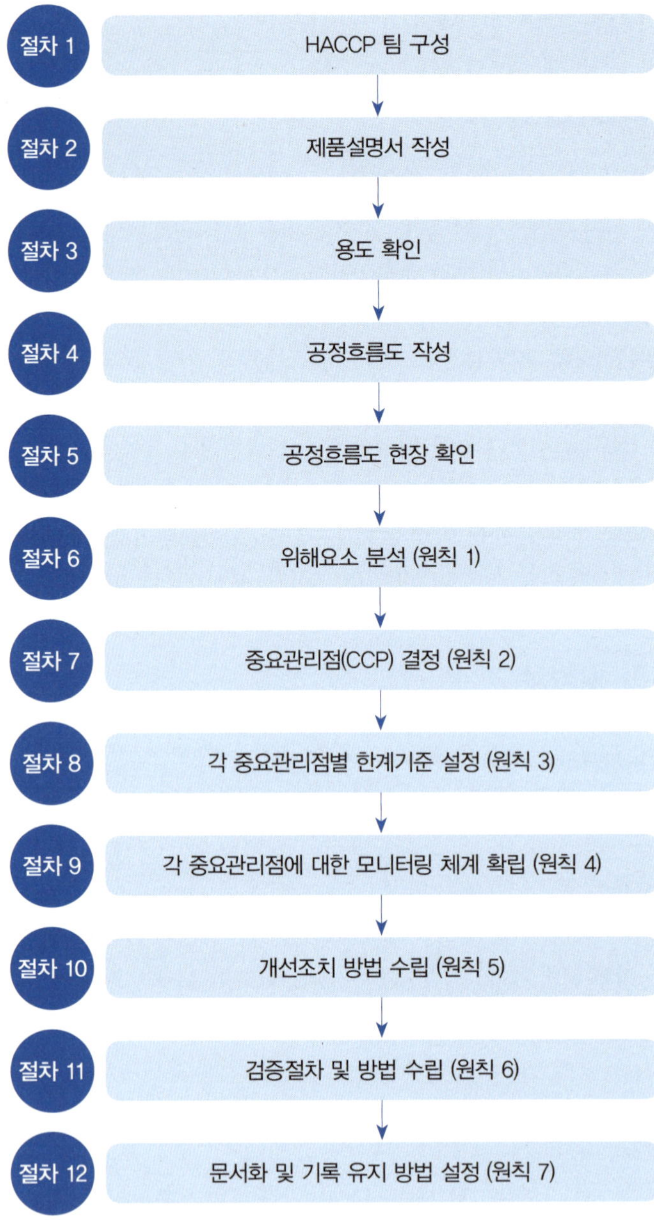

그림 10-1
HACCP 7원칙 12절차

(4) 절차 4 : 공정흐름도 작성

제조(조리) 공정흐름도, 시설의 도면 및 표준작업서 등을 작성한다. 공정흐름도나 작업장 평면도는 각 조리 공정 및 작업장 내에서의 위해요소가 발생할 수 있는 모든 조건과 지점을 찾아내기 위한 기초자료가 되므로 실제 현장과 일치하도록 정확하게 작성해야 한다.

(5) 절차 5 : 공정흐름도의 현장 확인

공정흐름도나 작업장 평면도 등이 생산현장의 작업내용과 실제로 일치하는지를 확인하는 단계이다. 현장확인 결과 수정이 필요한 사항이 있으면 해당 내용을 적절하게 수정하여 작성한다. 정확한 공정흐름도와 작업장 평면도가 완성되면 본격적으로 HACCP 관리계획을 개발할 수 있다.

(6) 절차 6 : 위해요소 분석 (원칙 1)

위해요소 분석(hazard analysis)이란 식품안전에 영향을 줄 수 있는 위해요소와 이를 유발할 수 있는 조건이 존재하는지 여부를 판별하기 위하여 필요한 정보를 수집하고 평가하는 일련의 과정이다. 위해요소는 병원성 세균, 바이러스, 기생충 등의 생물학적 위해와 중금속, 천연독소, 잔류농약, 생산 과정에서 혼입될 수 있는 세척·소독제 등의 화학적 위해, 유리파편, 금속조각, 모발, 돌, 고무밴드, 곤충 등의 물리적 위해가 있다. 급식·외식업소의 메뉴, 조리 공정, 조리환경, 생산시스템 등에 따라 위해요소의 종류가 달라진다.

(7) 절차 7 : 중요관리점 결정 (원칙 2)

중요관리점(CCP, Critical Control Point) 결정단계는 위해요소분석을 통해 목록화한 위해요소와 예방 방법에 대해 어떤 수준으로 관리할 것인지를 결정하는 과정이다. CCP 결정도를 이용하여 CCP인지 아닌지를 판단한다. 식품의약품안전처로부터 HACCP 인증을 받은 급식소를 대상으로 조사한 결과 전처리 소독 공정과 가열중심온도 관리는 전체 인증 업장에서 모두 CCP로 관리하고 있었다. 급식·외식업소의 운영여건이나 작업장 환경 등에 따라 CCP의 종류와 개수 등에 차이가 발생하며, HACCP 적용 과정에서 CCP는 변경될 수 있다.

(8) 절차 8 : 각 중요관리점별 한계기준 설정 (원칙 3)

한계기준(CL, Critical Limit)이란 CCP에서의 위해요소에 대한 관리가 허용범위 이내로 이루어지고 있는지 여부를 판단할 수 있는 기준이다. CL 설정 시에는 기존의 관리내용과 관련된 연구논문, 전문가의 자문 등을 이용한다. CL의 예는 생채소·과일류의 전처리 소독은 유효염소농도 100ppm에서 5분 침지, 가열조리음식의 내부중심온도 측정은 75℃에서 1분 이상(패류의 경우 85℃에서 1분 이상) 등이다.

(9) 절차 9 : 각 중요관리점에 대한 모니터링 체계 확립 (원칙 4)

모니터링은 CCP가 CL에 적합하게 관리되는지를 보장하기 위해서 현장 실무 담당자가 주기적으로 CCP 관리의 운영 상태를 측정 또는 관찰하는 사전에 계획된 활동이다. 따라서 모니터링은 실시간으로 관찰·측정해야 한다. 모니터링 도구로는 탐침온도계나 테스트 페이퍼 등이 있다.

(10) 절차 10 : 개선조치 방법 수립 (원칙 5)

개선조치(corrective action)는 안전성이 손상되어 있을 가능성이 있는 제품에 대하여 관리계획대로 즉시 시정하는 과정이다. 개선조치는 CCP에서의 작업내용이 CL을 이탈했을 때 실시간 즉각적으로 수행되어야 한다. 개선조치의 예는 검수 시 주문규격에 부적합한 식재료에 대한 반품, 조리 과정 중 가열중심온도기준 미도달 시 계속 가열 등이다. 개선조치에 대한 기록은 HACCP의 적정 운영을 평가하는 중요한 근거자료이자 CCP 변경의 근거가 되므로 육하원칙에 따라 정확하게 작성하도록 한다.

(11) 절차 11 : 검증절차 및 방법 수립 (원칙 6)

검증(verification)은 HACCP 관리계획의 유효성과 실행 여부를 정기적으로 평가하는 일련의 활동이다. 검증은 HACCP 관리계획을 지속적으로 개선해 나가기 위해 매우 중요한 절차이므로 전문지식과 경험이 있는 담당자가 수행하도록 한다.

(12) 절차 12 : 문서화 및 기록 유지 방법 설정 (원칙 7)

HACCP의 성공적인 정착을 위해서는 HACCP을 적용하는 동안 계속적이고 신뢰성 있는 기록이 유지·관리되어야 한다. 또한 HACCP 관련 모든 기록은 2년 이상 보관하도록 한다.

3 음식점 위생등급제

우리나라의 식중독 발생 원인시설 중 가장 많이 차지하는 곳은 음식점이다. 또한 음식점 이용 관련 민원 부분에 있어서도 위생불량에 대한 불만이 매우 높게 나타나고 있다. 이에 대한 대책으로 2017년 5월부터 전국적으로 음식점 위생등급제를 시행하고 있다. 이 제도는 식품의약품안전처의 위탁을 받은 한국식품안전관리인증원의 심사원이 음식점 위생상태를 정확히 평가하여 우수업소에 대해서 등급(매우 우수, 우수, 좋음)을 지정하고(〈그림 10-2〉 참고), 식품안전나라, 식약처 홈페이지에 지정업소를 공개함으로써 전국의 음식점의 위생수준을 향상시키고 이를 통해 식중독 예방은 물론 음식점 이용 고객에게는 음식점을 선택하는 판단기준을 제공하기 위해 시행하고 있다.

그림 10-2
음식점 위생등급제 등급 표시
(매우 우수, 우수, 좋음)

Class Activity

급식소와 외식업소에 적용되는 HACCP 관리기준의 차이점을 살펴보고, 급식소와 외식업소에 HACCP을 빠른 시일 내에 효과적으로 도입할 수 있는 방법에 대해서 토의해 보자.

Practical Task

각 그룹에서 맡은 급식소와 외식업소에 대한 다음 사항을 결정하고 PM은 그룹원들과 토의한 내용을 정리하여 제출한다(PRACTICAL TASK GUIDE 활용).

1 급식소 혹은 외식업소에 HACCP을 적용했을 때 PRACTICAL TASK GUIDE의 (1)과 (2)를 이용하여 급식소 혹은 외식업소의 가상의 메뉴에 대한 조리단계에서의 CCP 일지를 작성해 보자[급식소 혹은 외식업소의 HACCP 적용 시 전 공정에 대한 CCP 일지 작성은 교육부 홈페이지의 '학교급식위생관리지침서(4차 개정판)'의 내용을 참고하여 작성할 것].

2 외식업소 한 곳을 방문하여 PRACTICAL TASK GUIDE (3)을 이용하여 위생관리 수준을 평가해 보자(제시된 자료는 전체 평가항목 중 고객의 입장에서 평가할 수 있는 항목만 포함되어 있음. 음식점 위생등급제 전체 평가항목 자료는 한국식품안전관리인증원 홈페이지 자료 참조할 것).

(1) HACCP 적용 업장의 조리단계 CCP 일지 양식

CCP. 식품취급 및 조리과정(전처리실과 조리실의 장소 구분이 안 되는 경우)

급식(메뉴) 제공 일자 : . . .(요일)

구분		취급 및 조리 방법	전처리 완료/ 조리 시작 시간	식품중심 온도 확인 (O표)	소독제 농도 시간 확인	교차오염 방지 (구분 사용) (O, ×표)			작성자 서명
						칼·도마	장갑	용기	
전처리									
작업대 세척, 소독 ( )									
조리									
개선조치 기록									

	구분	가열조리 온도	채소·과일 소독
한계기준	• 전처리 종료와 조리 시작 사이 작업대 세척·소독 • 도구 구분	• 식품중심온도 75℃로(패류 85℃) 1분 이상	• 염소 농도 100ppm에 5분간 침지 혹은 이와 동등한 효과를 가진 살균소독제의 용법 준수
관리 방안	• 육안관찰 • 식재료별, 조리 전·후별 도구 구분	• 기준온도 이상 가열 • 가공완제품 재가열	• 테스트 페이퍼, 농도 측정기 등으로 소독제 희석농도 확인 • 생으로 먹는 채소와 과일류 소독
개선조치	• 작업대의 세척·소독 • 도구 변경 • 오염식품 재가열 혹은 폐기	• 계속 가열	• 소독제 희석농도 조정

확인자 서명 :

확인일자 : . . .(요일)

자료 : 교육부(2016) 자료 일부 수정.

(2) HACCP 적용 학교급식소의 조리단계 CCP 일지 작성의 예

CCP. 식품취급 및 조리과정(전처리실과 조리실의 장소 구분이 안 되는 경우)

급식(메뉴) 제공 일자 : . . . (요일)

구분		취급 및 조리 방법	전처리 완료/ 조리 시작 시간	식품중심 온도 확인 (○표)	소독제 농도 시간 확인	교차오염 방지 (구분 사용) (○, ×표)			작성자 서명
						칼·도마	장갑	용기	
전처리	오징어	다듬기				○	○	○	이길자
	당근, 오이, 파	다듬기, 세척, 소독			○	○	○	○	이길자
	콩나물	다듬기, 세척					○	○	김영순
	무(국)	다듬기, 세척	10 : 00			○	○	○	김영순
작업대 세척, 소독 ( )									
조리	오징어	데치기	10 : 15	○			○	○	홍민숙
	당근, 오이, 파	썰기				○	○	○	홍민숙
	오징어	썰기				○	○	○	홍민숙
	오징어 초무침	무치기					○	○	홍민숙
	족발(가공 완제품)	재가열		○			○	○	박영숙
개선조치 기록									

	구분	가열조리 온도	채소·과일 소독
한계기준	• 전처리 종료와 조리 시작 사이 작업대의 세척·소독 • 도구 구분	• 식품중심온도 75℃로(패류 85℃) 1분 이상	• 염소 농도 100ppm에 5분간 침지 혹은 이와 동등한 효과를 가진 살균소독제의 용법 준수
관리 방안	• 육안관찰 • 식재료별, 조리 전·후별 도구 구분	• 기준온도 이상 가열 • 가공완제품 재가열	• 테스트 페이퍼, 농도 측정기 등으로 소독제 희석농도 확인 • 생으로 먹는 채소와 과일류 소독
개선조치	• 작업대의 세척·소독 • 도구 변경 • 오염식품 재가열 혹은 폐기	• 계속 가열	• 소독제 희석농도 조정

확인자 서명 :

확인일자 : . . . (요일)

자료 : 교육부(2016) 자료 일부 수정.

(3) 음식점 위생등급제 : '매우 우수' 업장 평가항목 및 평가기준

평가항목	점수	평가기준	
천장, 벽, 바닥의 청결상태		우수(5)	• 거미줄, 이물, 먼지, 곰팡이 등이 없음 • 오물이나 때가 묻어 있지 않고 청결함 • 천장에는 빗물이 새거나 샌 흔적, 응결수 등이 발생하지 않음 • 조명기구 및 주변에 먼지나 죽은 곤충이 없고 청결하게 관리됨 • 위생 관련 체크리스트 등을 문서화하고, 책임자가 주기적으로(주 1회 이상) 확인하고 있음*
		보통(1)	• 우수 평가기준에 일부 보완이 필요함
환기시설 설치 및 관리상태		우수(5)	• 환기시설(환풍구, 환기구 등)이 정상 작동함 • 먼지나 거미줄, 이물질이 붙어 있지 않음 • 환기시설 주변이 청결함 • 위생 관련 체크리스트 등을 문서화하고, 책임자가 주기적으로(주 1회 이상) 확인하고 있음*
		보통(1)	• 우수 평가기준에 일부 보완이 필요함
		비해당(–)	• 자연환기 등으로 환기시설이 필요하지 않음
창문, 창문틀, 커튼 등 관리상태		우수(5)	• 창문, 창문틀, 커튼 등이 파손·훼손되어 있지 않음 • 주기적 관리를 통하여 청결한 상태를 유지하고 있음 • 위생 관련 체크리스트 등을 문서화하고, 책임자가 주기적으로(주 1회 이상) 확인하고 있음*
		보통(1)	• 우수 평가기준에 일부 보완이 필요함
선풍기, 에어컨, 온풍기 등 청결상태		우수(5)	• 선풍기, 에어컨, 온풍기 등에 먼지, 이물질, 찌꺼기 등이 없고 깨끗하게 청소되어 있음 • 사용하지 않는 기기는 먼지가 끼지 않도록 덮개 등을 씌워 보관하고 있음 • 위생 관련 체크리스트 등을 문서화하고, 책임자가 주기적으로(주 1회 이상) 확인하고 있음*
		보통(1)	• 우수 평가기준에 일부 보완이 필요함
식탁의 청결상태		우수(3)	• 오물이나 이물질이 붙어 있지 않으며 얼룩이 없음 • 끈적이거나 먼지가 묻어나지 않음 • 의자 또는 방석의 얼룩이 없이 청결함 • 식탁 하단부위가 청결함
		양호(2)	• 우수 평가기준에 대부분(약 80% 이상) 부합됨
		보통(1)	• 양호 평가기준에 일부 보완이 필요함
음용수 관리 여부		우수(5)	• 음용수 시설(정수기, 식수대 등)은 정기적으로 점검·정비를 함* • 정수기 추출구(콕, cock)에 이물이 없이 청결함 • 정수기 주변 바닥에 물기가 없음 • 식수병이 찌그러지지 않고 얼룩 없이 청결하게 관리되고 있음
		양호(3)	• 우수 평가기준에 대부분(약 80% 이상) 부합됨
		보통(1)	• 양호 평가기준에 일부 보완이 필요함
셀프서비스 코너의 위생상태		우수(3)	• 보관장소는 청결하며 위생적으로 관리하고 있음 • 제공되는 식기는 청결한 상태를 유지하고 있음

(계속)

평가항목	점수	평가기준	
셀프서비스 코너의 위생상태		양호(2)	• 우수 평가기준에 대부분(약 80% 이상) 부합됨
		보통(1)	• 양호 평가기준에 일부 보완이 필요함
		비해당(–)	• 셀프서비스 코너를 운영하고 있지 않음
냅킨통, 소스통 등의 청결상태, 정리정돈 여부		우수(3)	• 냅킨통, 소스통, 양념통 등의 내·외부가 청결함 • 소비자가 쉽게 이용할 수 있도록 잘 정리되어 있음 • 냅킨통, 소스통, 양념통 등을 주기적으로 관리하고 있음*
		양호(2)	• 우수 평가기준에 대부분(약 80% 이상) 부합됨
		보통(1)	• 양호 평가기준에 일부 보완이 필요함
(샐러드바) 식재료 보호 덮개 유무 및 청결도		우수(3)	• 덮개, 진열 케이스 등 메뉴를 보호할 수 있는 설비가 구비되어 있음 • 파손되지 않은 상태로 유지·관리하고 있음 • 메뉴 보호 덮개 등의 설비가 청결하게 관리되고 있음
		양호(2)	• 우수 평가기준에 대부분(약 80% 이상) 부합됨
		보통(1)	• 양호 평가기준에 일부 보완이 필요함
		비해당(–)	• 샐러드바를 운영하고 있지 않음
(샐러드바) 집기 및 주변 청결 관리		우수(3)	• 비치된 집기 및 주변을 청결하게 관리하고 있음 • 기구 등을 보관하는 물은 주기적으로 교체하고 있음 • 집기류의 손잡이가 음식물에 닫지 않도록 보관하고 있음 • 집기는 세척·소독을 거쳐 청결한 상태를 유지하고 있음
		양호(2)	• 우수 평가기준에 대부분(약 80% 이상) 부합됨
		보통(1)	• 양호 평가기준에 일부 보완이 필요함
		비해당(–)	• 샐러드바를 운영하고 있지 않음
(샐러드바) 메뉴별 온도 관리		우수(3)	• 모든 메뉴가 냉장(0~10℃), 냉동(–18℃ 이하) 또는 온장(60℃ 이상)이 요구되는 메뉴에 대한 보관온도를 준수하고 있음
		양호(2)	• 50% 이상의 메뉴가 보관온도를 준수하고 있음
		보통(1)	• 50% 미만의 메뉴가 보관온도를 준수하고 있음
		비해당(–)	• 샐러드바를 운영하고 있지 않음
(샐러드바) 신선한 식재료 제공 여부		우수(3)	• 모든 식재료가 신선하게 제공됨
		양호(2)	• 일부 식재료(20% 미만)의 신선도가 요구됨
		비해당(–)	• 샐러드바를 운영하고 있지 않음
(샐러드바) 식재료의 신속한 보충 여부		우수(3)	• 메뉴가 소진되지 않도록 주기적으로 보충하고 있음
		보통(1)	• 일부 메뉴의 신속한 보충이 요구됨
		비해당(–)	• 샐러드바를 운영하고 있지 않음
손소독제 제공 여부		우수(5)	• 손소독제를 제공하고 있음
		없음(0)	• 손소독제를 제공하고 있지 않음

(계속)

평가항목	점수	평가기준	
물수건 제공 여부		우수(3)	• 청결한 물수건을 제공하고 있음
		없음(0)	• 물수건을 제공하고 있지 않음
쓰레기통의 청결상태		우수(3)	• 청결한 상태를 유지하고 있으며, 주기적으로 관리하고 있음 • 객석의 쓰레기통에 덮개가 있음
		양호(2)	• 쓰레기통의 청결이 다소 요구됨 • 객석의 쓰레기통에 덮개가 있음
		보통(1)	• 쓰레기통의 청결이 요구됨 • 객석의 쓰레기통에 덮개가 없음
		비해당(–)	• 쓰레기통을 비치하지 않음
신발집게 구비 여부		우수(3)	• 신발집게를 구비하고 있으며, 실제로 이를 사용하여 신발을 정리하고 있음
		없음(0)	• 신발집게를 구비하고 있지 않음
		비해당(–)	• 신발을 벗지 않는 형태의 객석
화장실 남녀 구분		우수(3)	• 화장실이 남녀용으로 분리되어 설치되어 있음
		없음(0)	• 화장실이 남녀용으로 분리되어 설치되어 있지 않음
화장실 세면기 및 주변 청결상태		우수(3)	• 세면기와 주변 화장실 내부(바닥 등 포함)에 거미줄, 곰팡이, 먼지나 얼룩, 물기 등이 없고 청결함 • 화장실 내부의 환기가 적절히 되고 있음 • 화장실 내부가 전체적으로 청결한 느낌을 줌 • 동절기에 온수 사용이 가능함 • 담당자를 지정하여 정기적으로 관리하고 있음
		양호(2)	• 우수 평가기준에 대부분(약 80% 이상) 부합됨
		보통(1)	• 양호 평가기준에 일부 보완이 필요함
화장실 손세척 및 손건조 용품		우수(3)	• 고체비누, 액상비누, 소독제 등이 구비되어 있음 • 손건조용품(전기건조기, 티슈 등)이 구비되어 있음 • 전기건조기의 경우 정상적으로 작동되고 있음 • 건조용 티슈 등은 충분히 비치되어 있음 • 비누받침대 등은 모두 청결한 상태임 • 관리자를 지정하여 정기적으로 관리하고 있음
		보통(1)	• 우수 평가기준에 일부 보완이 필요함
		없음(0)	• 손세척 및 손건조 용품이 비치되어 있지 않음
변기 작동 및 청결상태		우수(3)	• 변기가 정상적으로 작동하고 있음 • 변기 내·외부가 모두 매우 청결함 • 담당자를 지정하여 정기적으로 관리하고 있음
		양호(2)	• 우수 평가기준에 대부분(약 80% 이상) 부합됨
		보통(1)	• 양호 평가기준에 일부 보완이 필요함
		미흡(0)	• 변기는 정상적으로 작동하지 않고, 청결이 매우 요구됨

(계속)

평가항목	점수	평가기준	
화장실 쓰레기통 청결상태		우수(3)	• 쓰레기통은 뚜껑이 있어야 함 • 쓰레기통이 넘치지 않고 주기적으로 관리하고 있음 • 쓰레기통 및 주변이 매우 청결함 • 담당자를 지정하여 정기적으로 관리하고 있음
		양호(2)	• 우수 평가기준에 대부분(약 80% 이상) 부합됨
		보통(1)	• 양호 평가기준에 일부 보완이 필요함
화장지 비치		우수(3)	• 화장실 부스별로 화장지가 비치되어 있음 • 담당자를 지정하여 정기적으로 관리하고 있음
		보통(1)	• 화장실 내 입구에만 화장지가 비치되어 있거나 별도로 화장지를 제공함
		없음(0)	• 화장지가 비치되어 있지 않음
종사자의 메뉴별 설명 가능 여부		우수(3)	• 종사자가 모든 메뉴에 대한 정보(사용된 식재료, 섭취 방법 등)를 숙지하여 설명할 수 있음
		보통(1)	• 일부 메뉴에 대한 정보를 숙지하여 설명할 수 있음
		미흡(0)	• 메뉴에 대한 이해도가 부족함
건물 주위 환경 청결상태		우수(3)	• 마당, 주차장, 현관입구 등을 포함한 건물 주변이 잘 정리·정돈되어 청결함 • 건물 주변에 악취, 연기, 먼지의 발생원이 없음 • 건물 등의 외벽, 간판 등이 파손되지 않고 청결하게 관리되고 있음
		양호(2)	• 우수 평가기준에 대부분(약 80% 이상) 부합됨
		보통(1)	• 양호 평가기준에 일부 보완이 필요함
개방형 주방을 운영하고 있음		우수(5)	• 조리장은 손님이 그 내부를 볼 수 있는 개방형 구조로 되어 있음
		양호(3)	• 조리장은 손님이 그 내부의 일부를 볼 수 있는 개방형 구조로 되어 있거나 내부 공개용 CCTV를 설치·운영하고 있음
		보통(1)	• 조리장은 손님이 내부를 확인하기 어려운 구조임
덜어 먹는 기구 구비 여부		우수(3)	• 덜어 먹을 수 있는 충분한 수량의 기구가 비치되어 있음 • 기구는 청결하게 유지·관리되고 있음 • 제공되는 기구에 불에 그슬린 흔적 등이 없음
		양호(2)	• 덜어 먹을 수 있는 기구가 비치되어 있음 • 기구는 청결관리가 다소 요구됨
		없음(0)	• 덜어 먹을 수 있는 기구가 비치되어 있지 않음
		비해당(–)	• 해당 사항 없음
객석 종사자의 소비자 응대 방법		우수(3)	• 객석 종사자는 소비자 호출 시 즉시 응대함 • 객석 종사자는 친절하고 예의바른 태도로 응대함
		양호(2)	• 객석 종사자는 소비자 호출 시 즉시 응대함 • 객석 종사자의 친절하고 예의바른 태도가 다소 요구됨
		보통(1)	• 객석 종사자는 소비자 호출 시 신속한 응대가 다소 요구됨 • 객석 종사자의 친절하고 예의바른 태도가 다소 요구됨

(계속)

평가항목	점수	평가기준	
객석 종사자의 복장 청결		우수(5)	• 객석 근무자가 모두 단정한 복장을 착용하고 있음 • 복장이 청결한 상태를 유지하고 있음
		우수(3)	• 객석 근무자가 단정하게 유니폼을 착용하고 있음 • 복장의 청결상태가 다소 요구됨
		보통(1)	• 별도의 복장은 없으나 앞치마 등을 착용하고 있음
		없음(0)	• 별도의 복장이나 앞치마 등을 착용하고 있지 않음
메뉴별 식품 알레르기 정보 게시 여부		우수(3)	• 각 메뉴별로 포함하고 있는 알레르기 유발물질을 소비자들이 쉽게 알아볼 수 있도록 메뉴판 등에 표시하고 있음 • 「식품 등의 표시기준」에 따른 알레르기 유발물질을 모두 표기하고 있음
		양호(2)	• 전체 메뉴 중 50% 이상의 메뉴에 대해 알레르기 유발물질을 표시하고 있음
		보통(1)	• 전체 메뉴 중 50% 미만의 메뉴에 대해 알레르기 유발물질을 표시하고 있음
		비해당(–)	• 알레르기 관련 식품 등을 취급하지 않음
식탁 위의 메뉴판 관리상태		우수(5)	• 충분한 수량의 메뉴판을 구비하고 있거나 모든 식탁에서 메뉴 확인이 쉽도록 게시판을 벽에 부착하고 있음 • 메뉴판은 청결하게 관리되고 있음 • 외국어 표기, 메뉴별 사진·번호 등을 표기하고 있음 • 시각장애인 등을 위한 점자 표기를 하고 있음 • 메뉴별 설명을 포함하고 있음
		양호(3)	• 충분한 수량의 메뉴판을 구비하고 있거나 모든 식탁에서 메뉴 확인이 쉽도록 게시판을 벽에 부착하고 있음 • 메뉴판은 청결하게 관리되고 있음 • 외국어 등을 표기하고 있음
		보통(1)	• 충분한 수량의 메뉴판을 구비하고 있거나 모든 식탁에서 메뉴 확인이 쉽도록 게시판을 벽에 부착하고 있음 • 메뉴판의 청결관리가 다소 요구됨

주) * 표시 항목은 고객 관점에서 평가하기 어려움. 업소의 게시물이나 점검표 등을 확인하여 평가 시 반영
자료 : 한국식품안전관리인증원(2017).

FOOD SERVICE WORKBOOK

11

푸드서비스 종사원의 위생 · 안전교육

학습목표

- 급식 · 외식업소 종사원의 위생 · 안전교육의 중요성에 대해 인지할 수 있다.
- 종사원을 대상으로 한 효과적인 위생 · 안전교육 방법을 계획할 수 있다.
- 다양한 위생 · 안전교육 매체를 활용하여 성공적인 교육을 수행할 수 있다.

11

푸드서비스 종사원의 위생 · 안전교육

Lecture

1 종사원 위생 · 안전교육의 중요성

푸드서비스 산업은 노동집약적인 산업으로 생산단계에서 종사원의 손을 거치는 작업이 대부분이므로 이들의 위생에 대한 인식과 태도가 최종적으로 고객에게 제공되는 음식의 위생품질에 많은 영향을 미치게 된다. 따라서 급식 · 외식업소에서는 종사원을 대상으로 한 지속적이고 단계적인 교육 · 훈련이 중요하며, 이를 위해서는 각 급식 · 외식업소의 유형과 운영 여건에 적합한 종사원 교육 · 훈련 프로그램이 개발되어야 한다.

또한 관리자는 종사원에게 종사원의 식품 취급 습관이 고객의 건강과 밀접한 관련이 있음을 깨닫게 하고 음식 생산단계에서 위생수칙을 적극적으로 실천할 수 있도록 교육 · 훈련 · 감독하는 것이 중요하다. 그러나 규모가 영세하고 종일 휴식시간 없이 종사원이 교대근무하는 경우 혹은 종사원 중 시간제 근로자의 비율이 높은 경우에는 일정시간을 할애하여 종사원 대상 위생교육을 실시하는 것은 쉽지 않다. 따라서 푸드서비스 관리자나 경영자는 업소의 운영 특성을 고려한 효과적인 위생교육 방안을 마련할 필요가 있다.

2 종사원의 위생 · 안전교육계획 절차

- 교육대상자의 특성을 잘 파악한다.
- 우선적으로 개선할 위생 · 안전교육 내용을 선정한다.
- 위생 · 안전관리 개선을 위한 목적(purpose)과 목표(goal)를 설정한다.
- 효과적인 교육 방법과 매체를 선택한다.

• 위생·안전교육계획을 수립한다.
• 위생·안전교육의 효과를 평가할 수 있는 방법을 계획한다.

3 종사원 위생·안전교육의 내용

푸드서비스 종사원의 위생·안전교육은 종사원의 담당업무 수행도를 향상시킬 수 있도록 담당업무 중 수행도가 낮은 항목을 위주로 구성하고, 교육내용은 종사원이 이해하기 쉽도록 가시적으로 표현하거나 구체화하는 방법을 제시한다. 또한 교육 후 평가를 통해 이해도가 낮은 항목에 대한 재교육을 실시할 수 있도록 계획한다. 종사원 위생·안전교육 주제는 식중독과 미생물, 생산단계별 위생관리, 개인위생관리, 기기·설비 위생관리 등이다.

1) 식중독과 미생물

식중독의 정의, 식중독의 원인, 급식·외식업소에서 주로 발생하는 식중독균의 종류, 식중독의 증상, 잠재적 위해식품 등

2) 생산 단계별 위생

올바른 검수 방법, 식품의 보관·저장 방법, 적절한 해동 방법, 생채소·과일 소독액 제조 방법과 소독 방법, 가열조리음식의 내부중심온도 측정 방법, CCP 일지 작성 방법 등

3) 개인위생

종사원 개인위생의 중요성, 종사원 개인위생점검표 작성법, 손 세척·소독 방법, 복장 위생, 조리작업 중 개인위생 준수사항, 고무장갑의 용도별 분리 사용, 일회용 장갑의 착용 방법 등

4) 기기·설비 위생

식기 세척·소독 방법, 자동식기세척기 관리 방법, 냉장·냉동고의 세척·소독 방법, 조리기기의 위생적인 취급 방법, 작업구역의 청결 및 위생관리 등

4 효과적인 위생·안전교육 매체

교육매체의 종류로는 실물, 유인물, 리플릿, 포스터, 파워포인트 자료, 동영상 자료, 스마트폰 애플리케이션 등이 있다. 각 업소의 관리자가 위생교육 매체를 직접 제작하는 것은 쉽지 않으므로 식품의약품안전처 식품안전나라 인터넷사이트의 식중독 예방 홍보 페이지(https://www.foodsafetykorea.go.kr)의 내용이나 한국식품안전관리인증원 인터넷사이트(https://www.haccp.or.kr)에 업로드되어 있는 교육자료(〈그림 11-2〉 참고)를 교육 시 활용해 본다. 또한 교육 매체를 업소에서 자체 제작하고자 할 때는 파워포인트나 동영상 자료, 포스터 등의 교육자료 제작 시 종사원을 직접 모델로 참여시키면 교육에 대한 흥미와 집중도를 더욱 향상시킬 수 있다.

예를 들어 급식·외식업소 종사원의 위생교육 중 손 위생교육·훈련에는 다음과 같은 방법이나 매체를 활용할 수 있다.

- 형광물질이 함유된 특수로션과 자외선을 이용하여 상품화된 'Glo-Germ', 'Glotterbug' 등
- 식용유에 계핏가루를 섞어 로션을 바르듯이 바른 다음 손을 씻게 하여 손에 남는 물질을 확인하는 방법
- 미생물 배지를 이용하여 종사원 손의 미생물을 채취, 배양 후 시각적으로 확인하는 방법
- 종사원이 교육받은 내용을 수시로 확인할 수 있도록 손씻기 포스터를 손세척·소독시설 위에 부착하는 방법
- 하루에 몇 번씩 손씻기를 수행하는지 종사원 스스로 점검할 수 있는 체크리스트를 활용하는 방법

자료 : 식품의약품안전처(2018).

그림 11-1
식품안전나라 식중독 예방 홍보 사이트의 초기화면

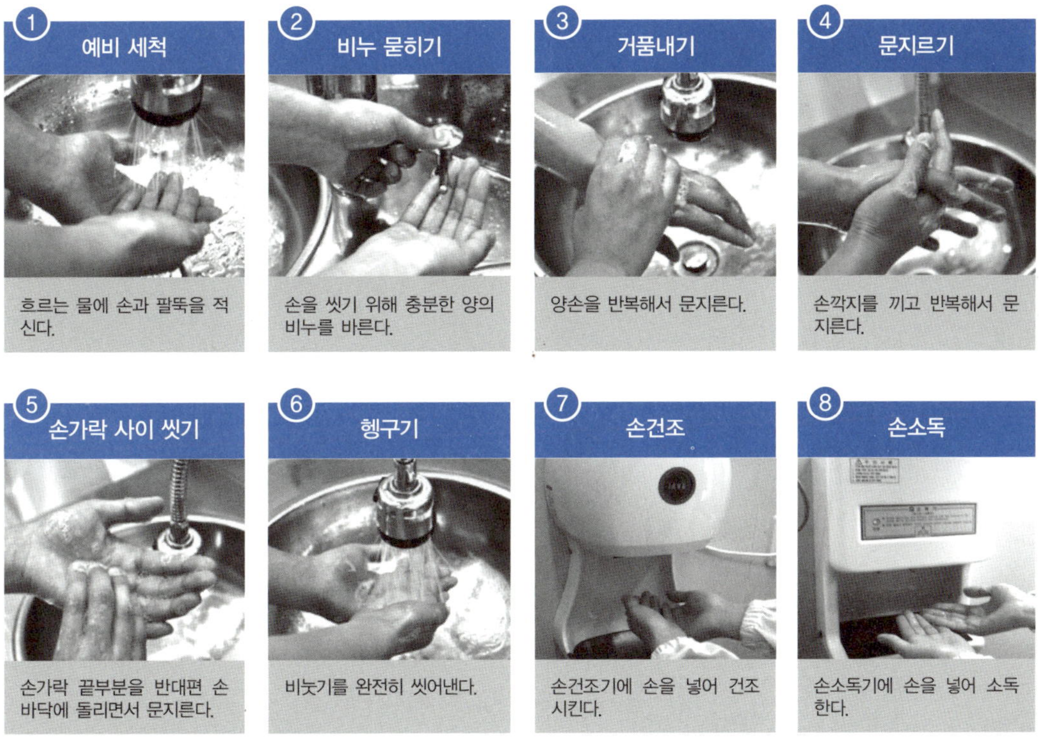

자료 : 한국식품안전관리인증원(2018).

그림 11-2
손세척·소독 방법 교육용 게시물의 예

Class Activity

연중무휴로 운영되는 급식소나 외식업소에서 근무하는 시간제 종사원을 대상으로 한 효과적인 위생·안전교육 방법에 대해서 토의해 보자.

Practical Task

각 그룹에서 맡은 급식소나 외식업소에 대한 다음 사항을 결정하고 PM은 그룹원들과 토의한 내용을 정리하여 제출한다(PRACTICAL TASK GUIDE 활용).

1 PRACTICAL TASK GUIDE (1)과 (2)를 이용하여 급식소나 외식업소 종사원을 위한 위생·안전교육을 10분 내외로 구성하고, PRACTICAL TASK GUIDE (3)을 이용하여 평가를 위한 계획을 수립한 후 동료 학생들을 대상으로 실제 교육을 실시해 본다.

2 PRACTICAL TASK GUIDE (4)를 이용하여 각 그룹의 위생·안전교육 발표 내용을 평가해 본다.

3 각 조의 발표 내용은 PRACTICAL TASK GUIDE (5)의 양식으로 위생교육일지를 작성하여 제출한다.

PRACTICAL TASK GUIDE

(1) 위생 및 안전교육계획서의 예

교육 대상자의 특성	⊙ 급식 생산부에서 일하는 급식종사원(13명) • 대부분 30~40대 주부 • 급식 관련 기술 : 고급(2명), 중급(5명), 하급(6명)		
교육 주제[1]	올바른 개인위생		
교육 목적	올바른 개인 위생을 실천할 수 있다.		
교육 일시	아침 조회시간		
내용 (교육 내용 및 활동)	교육 매체[2]	필요 기자재[3]	소요 시간
올바른 급식종사원의 복장 관리 및 개인위생 관리 항목	유인물	사진과 그림	4분
올바른 수행 예시와 잘못된 수행 예시	유인물	사진과 그림	3분
평가[4]	평가지	–	3분
교육 평가	위생교육 평가지를 활용하여 교육 내용을 평가하고 잘못 알고 있는 부분에 대해서는 재교육계획을 수립한다. 추후 급식 생산 시에 위생교육 내용을 위반할 경우 즉시 시정하도록 관리·감독한다.		

주 1) 손씻기, 안전한 칼 사용, 개인 위생, 안전하게 무거운 물품 나르기, 올바른 조리기기 이용 및 세척법 등
2) 유인물, 포스터, 파워포인트 자료, 동영상 자료 등
3) 사진, 그림, 슬라이드, 비디오, OHP, 빔 프로젝트 등
4) 교육의 효과 평가를 위한 객관적 평가문항 마련(난이도 조절), 교육 불참자에 대한 추가교육계획 마련, 이해가 미흡한 부분에 대한 재교육계획 등을 포함한 평가계획에 초점을 맞춘다.

(2) 위생 및 안전교육계획서 서식

교육 대상자의 특성			
교육 주제			
교육 목적			
교육 일시			
내용 (교육 내용 및 활동)	교육 매체	필요 기자재	소요 시간
교육 평가			

(3) 위생 · 안전교육 평가지의 예

구분	내용		
평가일시	년 월 일 요일, 시 분 ~ 시 분		
평가주제	선행요건 프로그램		
조리원명	______________ (서명)	평가점수	점
평가문제	※ 다음 질문을 읽고 맞는 곳에 ○표, 틀린 곳에 ×표로 답하시오. 1. 급식소 공간이 부족한 경우에는 창고와 탈의실을 함께 사용해도 된다. ( ) 2. 식재료 창고나 조리실에 부착된 환풍기는 탈부착이 어려우므로 기름때가 있고 지저분해도 청소하지 않아도 된다. ( ) 3. 달걀은 상온보관제품이다. ( ) 4. 냉장고는 5℃ 이하, 냉동고는 −18℃ 이하로 철저히 온도관리를 해야 한다. ( ) 5. 냉동식품은 해동 후 재동결을 금지한다. ( ) 6. 세척제, 유해물질은 반드시 식재료와 분리하여 저장·보관한다. ( ) 7. 작업 시작 전, 화장실 사용 후, 신체 부위를 만진 후, 오염된 물건을 만진 후에는 반드시 손을 씻어야 한다. ( ) 8. 자외선 살균기에 컵을 보관할 때 공간이 부족하므로 많이 넣을 수 있게 겹쳐서 보관한다. ( ) 9. 냉장·냉동고가 기준온도 미달 시에는 온도관리표지판을 이용하여 '위험' 표시를 한 후 열고 닫는 것을 자제한다. ( )		
수고하셨습니다. 여러분의 바른 위생 실천은 안전한 급식을 제공하는 데 초석이 됩니다.			

(4) 위생 · 안전교육 발표 평가 양식

위생교육 발표 평가서

평가자 : ______________조 학번 : ______________ 이름 : ______________

평가항목	1조	2조	3조	4조	5조	6조	7조	8조
1. 발표를 위한 교육자료의 준비는 충분했는가?								
2. 위생교육자의 발표 태도는 전문가다웠는가?								
3. 유인물은 조리종사원들이 잘 이해할 수 있도록 작성했는가?								
4. 교육시간을 잘 지켰는가?								
5. 전체적인 교육의 진행 및 전개가 적정했는가?								
6. 전체적으로 이해하기 쉽도록 구성된 교육이었는가?								

- 각 항목을 상·중·하로 평가해 보세요.
- 자신의 조도 평가해 보세요.
- 자신의 조에서 이번 발표수업 준비와 발표 전 과정에서 기여도가 가장 높은 사람은 누구인가요? 1명만 선정하세요(단, 본인 제외).
- 급식·외식관리자로서 위생교육 진행 시 가장 중요하게 고려해야 할 사항은 무엇이라고 생각하나요? 간략히 서술하세요. 혹은 발표수업을 준비하면서 느낀 점을 적어도 좋습니다.

(5) 위생·안전교육일지의 예

위생교육일지

<table>
<tr><td>일시</td><td colspan="2">년 월 요일 (: ~ :)</td><td>업장명</td><td></td></tr>
<tr><td>교육자</td><td colspan="2">성명 :</td><td colspan="2">소속 및 지위 :</td></tr>
<tr><td rowspan="2">참석 여부</td><td colspan="2" rowspan="2">참석인원 : 전체 ( )명 중 ( )명</td><td>불참자</td><td></td></tr>
<tr><td>불참 사유</td><td></td></tr>
<tr><td>교육주제</td><td colspan="4"></td></tr>
<tr><td>교육내용</td><td colspan="4">※ 교육자료 첨부</td></tr>
<tr><td>질문사항</td><td colspan="4"></td></tr>
<tr><td>교육대상자 반응</td><td>상</td><td colspan="2">중</td><td>하</td></tr>
<tr><td>교육자 평가 의견</td><td colspan="4"></td></tr>
</table>

FOOD SERVICE WORKBOOK

12

푸드서비스 생산의 실제

학습목표

- 메뉴 생산을 위한 모든 과정의 계획을 세운 후 가상의 푸드서비스 고객을 대상으로 한 음식을 생산해 본다.
- 다량조리 과정을 실습함으로써 다량조리의 특성을 이해한다.
- 적정 1인 분량에 대한 기준을 설정한다.
- 일정한 식단가를 기준으로 하여 원가관리를 실습해 본다.

12
푸드서비스 생산의 실제

Lecture

1) 각각의 실습은 실습여건에 따라 각 그룹 인원을 고려하여 실시한다.
2) 메뉴계획-구매계획-생산계획을 기준으로 하여 급식은 하루의 식단, 외식은 제공메뉴를 선택한다.
3) 각 그룹원의 역할분담을 한다.
4) 메뉴 선택 후 일정한 단가를 기준으로 각 그룹별로 식단가를 조정해 본다. 만약 예상단가를 기준으로 했을 때 단가가 초과되는 경우 식단을 일부 수정하도록 한다.
5) 실습여건에 따라 그룹인원수를 기준으로 필요 식재료에 대한 구매계획을 수립한다. 가능하면 직접 시장에 나가 구입을 해본다(여건상 학과에서 일괄 구매할 경우 구매계획상에 식재료의 양만큼 재료를 제공하며, 구입 영수증을 배부하여 실제 원가관리를 실습해 볼 수 있도록 한다).
6) 표준레시피를 기준으로 일정한 시간 내에 계획된 식단을 생산한다.
7) 실습 완료 후 각 그룹의 메뉴를 다각도로 평가한다.
8) 예상단가와 실제 생산단가의 차이를 비교해 보고 그 원인을 분석한다.

Practical Task

각 그룹에서 맡은 푸드서비스의 메뉴를 실제 실습을 통해 생산해 보고, PM은 다음 사항에 대해 그룹원들과 실제 실습한 내용을 포함하여 제시된 서식을 완성하여 제출한다. 특히 서식의 세부내용은 다음과 같은 사항을 충족하는지를 고려하여 작성하도록 한다(PRACTICAL TASK GUIDE 활용).

고려사항
정해진 식단가 범위 내에서 식단을 계획했는지 여부
실제 식단가가 예산의 범위를 초과하지 않았는지 여부
예산 초과 시 원인 분석의 정확성
조리계획서 작성의 적절성과 정확성
작업지시서 작성의 적절성
운영일지 작성의 적절성
개별 평가의 적합성과 타당성

1) 구매계획서

각 그룹에서 맡은 푸드서비스 조직에 대해 〈4장 푸드서비스 구매관리계획〉에서 결정된 기준으로 작성한다.

2) 조리작업지시서

폐기율, 조리 후 증감, 1인분 배식량, 조리 소요시간, 작업순서도 등을 작성한다.

3) 운영일지

가상의 푸드서비스업소를 대상으로 작성한 후 그룹별로 1부씩 제출한다.

4) 개별 실습평가서

실제 실습 후 결과물에 대한 고찰과 느낌을 자유로운 형식으로 개별 평가한 후 그룹별 과제에 첨부하여 제출하도록 한다.

구매계획서

년 월 일 요일 중식

메뉴								
예정식수인원	명							
메뉴명	식품명	단위	1인 분량 (g)	구매량 (kg)	예상단가 (원)	예상금액 (원)	실단가 (원)	구입금액 (원)
총계								
1인 단가						(예상)		(실제)
비고								

조리작업지시서

메뉴명	재료	분량	조리순서			
			1인 분량	제공온도	조리시간	조리인원
			1인 분량	제공온도	조리시간	조리인원
전체 제공메뉴의 작업순서도 작성						

운영일지

날짜	년 월 일 요일	
출근 현황		
분류(조·중·석)		
메뉴		
예상식수		
제공인원		
1인 제공량(개선사항)		
잔식량[1]	주식	
	부식	
잔반량[2]		
운영평가 (1) 메뉴 구성(맛) (2) 메뉴 기호도 (3) 배식(메뉴제공) 종사원의 서비스		
특기사항		

주 1) 잔식량 : 음식 제공 후 남은 양으로 완제품으로서 고객에게 제공되지 않고 남은 양
2) 잔반량 : 음식 제공 후 고객이 먹지 않아 폐기한 음식의 양

Reference

국내

곽동경 외(2008). 단체급식의 이해. 신광출판사.

김정숙 외(2014). 단체급식관리. 지구문화사.

김태희 외(2017). 외식서비스 마케팅: 외식사업 성공원리와 실제. 파워북.

대한영양사회(2000). 급식관리지도서.

대한영양사협회(2007). 급식관리지침서.

백재은 외(2016). 식생활 관리와 글로벌 음식문화. 교문사.

서울특별시(2009). 한국음식점 주방 배치와 위생시설 표준개발.

양일선 외(2017). 단체급식. 교문사.

윤지현 외(2018). 급식경영. 파워북.

이종미 외(2007). 단체급식. 파워북.

전희정 외(2018). 단체급식관리. 파워북.

최수근 외(2010). 오너셰프를 위한 레스토랑 창업론. 교문사.

최지유 외(2013). 조리원리 및 실습. 양서원.

국외

Gregoire MB(2016). Foodservice Orgnizations: A Managerial and Systmes Approach(9th ed). Pearson. USA.

Walker JR(2013). The Restaurant from Concept to Operation(7th ed). Wiley & Sons, Inc. USA.

웹사이트

고려대학교 구로병원(http://guro.kumc.or.kr)

교육부(http://www.moe.go.kr)

국가법령정보센터(www.law.go.kr)

모토로라코리아(http://motorola-global-kor.custhelp.com)

보건복지부(www.mohw.go.kr)

식품의약품안전처(www.mfds.go.kr)

통계청(http://kostat.go.kr)

한국식품안전관리인증원(https://www.haccp.or.kr)

저자 소개

윤지영
숙명여자대학교 문화관광학부 르꼬르동블루 외식경영전공 교수

주나미
숙명여자대학교 식품영양학과 교수

백재은
부천대학교 식품영양과 교수

배현주
대구대학교 식품영양학과 교수

정현아
대구한의대학교 한방식품조리영양학부 교수

급식·외식 관리자를 위한 푸드서비스 워크북

2019년 1월 14일 초판 인쇄 | 2019년 1월 21일 초판 발행

지은이 윤지영·주나미·백재은·배현주·정현아 | **펴낸이** 류원식 | **펴낸곳** **교문사**

편집부장 모은영 | **책임진행** 성혜진 | **디자인** 신나리 | **본문편집** 디자인이투이
제작 김선형 | **홍보** 김솔아 | **영업** 이진석·정용섭·진경민 | **출력·인쇄** 삼신인쇄 | **제본** 한진제본

주소 (10881)경기도 파주시 문발로 116 | **전화** 031-955-6111 | **팩스** 031-955-0955
홈페이지 www.gyomoon.com | **E-mail** genie@gyomoon.com
등록 1960. 10. 28. 제406-2006-000035호
ISBN 978-89-363-1766-9(93590) | 값 16,800원

* 저자와의 협의하에 인지를 생략합니다.
* 잘못된 책은 바꿔 드립니다.